汽车专业生产实习教学用书

生产实习规范与安全
指导手册

（中职技校分册）

主　编　贾恒旦
参　编　孟玉霞　马育春　贾司晨
　　　　刘梦龙　潘智立　杨　刚

U0662898

机械工业出版社

本手册是专门为中职、技校、职高汽车专业生产实习教学编写的规范与安全指导手册,是在部分学校试用多年的自编手册的基础上进行全面更新、提炼而成的。本书主要内容包括职业道德及礼仪规范、文明实习规范、安全文化、安全操作规程、汽车维修主要设备的操作规程、安全隐患排查表、汽车维护保养的内容和要求、TPM 基本知识及技能、设备维护、工艺守则、质量管理、信息安全、保密安全、用电安全、环保和卫生安全、交通安全、消防安全。

　　本手册可供中职、技校、职高汽车专业学生在生产和实习过程中随时学习和查用。

图书在版编目(CIP)数据

　　生产实习规范与安全指导手册. 中职技校分册/贾
恒旦主编. —北京:机械工业出版社, 2013.8 (2024.2 重印)
(汽车专业生产实习教学用书)
　　ISBN 978 - 7 - 111 - 43701 - 7

　　Ⅰ. ①生… Ⅱ. ①贾… Ⅲ. ①汽车工业 - 生产实习 -
安全教育 - 中等专业学校 - 教材 Ⅳ. ①U46 - 45

　　中国版本图书馆 CIP 数据核字 (2013) 第 190966 号

机械工业出版社 (北京市百万庄大街22 号　邮政编码100037)
策划编辑:张敬柱　责任编辑:张敬柱　王晓洁　林运鑫
　　　　　王晓洁
版式设计:常天培　责任校对:胡艳萍
责任印制:郜　敏
北京富资园科技发展有限公司印刷
2024 年2 月第1 版·第2 次印刷
94mm×170mm·4.75 印张·2 插页·166 千字
标准书号:ISBN 978 - 7 - 111 - 43701 - 7
定价:25.00 元

电话服务
　客服电话:010-88361066
　　　　　　010-88379833
　　　　　　010-68326294
网络服务
机　工　官　网:www.cmpbook.com
机　工　官　博:weibo.com/cmp1952
金　书　网:www.golden-book.com
机工教育服务网:www.cmpedu.com

封底无防伪标均为盗版

（四）焊条电弧焊安全操作规程 ………… 37

（五）气焊（割）安全操作规程 ………… 39

（六）氧气瓶安全操作规程 ………… 40

（七）乙炔气瓶安全操作规程 ………… 42

（八）轮胎工安全操作规程 ………… 44

（九）涂装（油漆）工安全操作规程 ………… 46

（十）汽车维修电工安全操作规程 ………… 49

（十一）汽车空调维修工安全操作规程 ………… 52

（十二）汽车美容工安全操作规程 ………… 53

（十三）机械加工通用安全操作规程 ………… 55

（十四）砂轮机安全操作规程 ………… 57

（十五）车削安全操作规程 ………… 58

（十六）钳工安全操作规程 ………… 61

五、汽车维修主要设备的操作规程 ……… 63

（一）轮胎动平衡机安全操作规程 ………… 63

（二）汽车曲轴动平衡机安全操作规程 ………… 64

（三）剪板机安全操作规程 ………… 66

（四）折边机安全操作规程 ………… 68

（五）充电机安全操作规程 ………… 69

（六）空压机安全操作规程 ………… 71

（七）汽车举升机安全操作规程 ………… 72

（八）汽车四轮定位仪安全操作规程 ………… 75

（九）汽车电脑（ECU）故障诊断仪

安全操作规程 ………… 76

（十）扒胎机安全操作规程 ………… 79

（十一）轮胎螺母拆装机安全操作规程 ………… 80

（十二）U型螺栓拆装机安全操作规程 ………… 81

（十三）汽车发动机免拆清洗机安全操

作规程 ………… 82

（十四）分体超声波清洗机安全操作规程 … 83

（十五）烤漆房安全操作规程 ………… 85

（十六）手电钻安全操作规程 ………… 87

目　　录

前言

一、职业道德及礼仪规范 …………………………… 2

　（一）职业道德 …………………………………… 2

　（二）礼仪规范 …………………………………… 4

二、文明实习规范 …………………………………… 16

　（一）文明实习的基本要求 ……………………… 16

　（二）实习日常行为规范"十不准" …………… 16

　（三）实习课的课堂规则 ………………………… 16

三、安全文化 ………………………………………… 18

　（一）企业安全文化的构成 ……………………… 18

　（二）"安全第一"观念的起源 ………………… 19

　（三）安全生产方针 ……………………………… 19

　（四）安全生产的基本常识 ……………………… 19

　（五）安全生产"十不准" ……………………… 21

　（六）焊割作业"十不准" ……………………… 21

　（七）起重作业"十不准" ……………………… 22

　（八）预防事故发生的"十个问号" …………… 23

　（九）机械安全防护知识 ………………………… 23

　（十）不安全行为 ………………………………… 25

　（十一）事故追究责任制 ………………………… 26

　（十二）安全事故调查与分析 …………………… 26

　（十三）安全生产标志 …………………………… 28

四、安全操作规程 …………………………………… 29

　（一）汽车维修工安全操作规程 ………………… 29

　（二）冷作钣金工安全操作规程 ………………… 34

　（三）焊工通用安全操作规程 …………………… 36

全隐患排查等内容。

第六：可操作性。本手册中的方法、措施来源于生产—线，是多年来众多汽车企业安全防范知识的积累和提炼。

本书由贾恒旦主编，孟玉霞、马育春、贾司晨、刘梦龙、潘智立、杨刚参加编写。

由于时间和编者水平有限，书中难免有不足之处，敬请同行和广大读者批评指正。

编　者

前　　言

生产实习是中职、技校、职高学生重要的实践环节，但实习学生的安全问题一直困扰着各学校和实习单位，这主要是因为他们的安全意识淡薄、安全知识缺乏，又缺乏必要的应急避险知识。在"安全第一、安全至上"成为企业、院校最为重要的生产、教学环节的背景下，树立安全理念、强化安全知识显得尤为重要。

本手册是专门为中职、技校、职高汽车专业生产实习教学编写的规范与安全指导手册，是在部分学校试用多年的自编手册的基础上进行全面更新、提炼而成的。目的是普及安全知识，规范安全生产操作，以有效预防、规避生产实习过程中的各种安全风险，让实习学生提前全面、零距离与汽车专业企业的岗位有效对接。

本手册汇集了各种先进的管理方法，全面介绍了汽车专业安全生产防范措施，其视角开阔、新颖，具有以下特色：

第一：针对性。本手册根据汽车专业学生生产实习的需要来组织相关内容。

第二：实用性。本手册介绍的各种安全操作规程、工艺守则、设备维护方法实用、有效。

第三：指导性。本手册语言通俗，图表简洁，读者易学易用。

第四：先进性。本手册介绍了 TPM、"6S"管理等近年来国内汽车企业最新的生产管理模式。

第五：全面性。本手册涵盖了职业道德、礼仪规范、信息安全、保密安全、用电安全、消防安全、安

（十七）电动手提式砂轮机安全操作
规程 …………………………………… 89
六、安全隐患排查表 …………………………… 92
（一）砂轮机安全隐患排查表 …………… 92
（二）电焊机安全隐患排查表 …………… 94
（三）冲、剪、液压机械安全隐患排查表 …… 96
（四）乙炔气瓶安全隐患排查表 ………… 98
（五）乙炔发生器安全隐患排查表 ……… 101
（六）手持式电动工具安全隐患排查表 … 102
（七）手提式风动工具安全隐患排查表 … 103
（八）喷涂（油漆）房安全隐患排查表 … 105
七、汽车维护保养的内容和要求 …………… 111
（一）汽车日常维护保养的内容和要求 … 111
（二）汽车一级维护保养的内容和要求 … 113
（三）汽车二级维护保养的内容和要求 … 116
八、TPM 基本知识及技能 …………………… 129
（一）TPM 基本知识 …………………… 129
（二）TPM 基本技能 …………………… 130
（三）"6S"管理知识 …………………… 148
九、设备维护 …………………………………… 159
（一）设备维护守则 ……………………… 159
（二）普通设备操作规程 ………………… 160
（三）机械设备机械部分"一级保养"
规范 ………………………………… 162
（四）机械设备机械部分"二级保养"
规范 ………………………………… 164
（五）机械设备电气部分"二级保养"
规范 ………………………………… 166
十、工艺守则 …………………………………… 168
（一）汽车装配通用工艺总则 …………… 168
（二）钻削加工通用工艺守则 …………… 171

（三）钳工加工通用工艺守则 ················· 172

十一、质量管理 ················· 175
（一）质量管理常识 ················· 175
（二）企业产品的质量观 ················· 176
（三）汽车配件质量常用检查方法 ················· 178

十二、信息安全 ················· 184
（一）计算机犯罪与违法 ················· 184
（二）《计算机信息网络国际互联网
安全保护办法》的有关规定 ················· 184
（三）实习学生必须遵守的法律规定 ················· 185
（四）讲网德、守网法 ················· 186

十三、保密安全 ················· 188
（一）国家保密知识 ················· 188
（二）涉密人员办公"六禁止" ················· 190
（三）涉密人员保密行为"十不准" ················· 191

十四、用电安全 ················· 192
（一）安全用电须知 ················· 192
（二）安全用电的原则及措施 ················· 192

十五、环保和卫生安全 ················· 194
（一）环境保护法基本知识 ················· 194
（二）企业环保基本知识 ················· 195
（三）环保标志 ················· 201
（四）汽车排放 ················· 202
（五）洗手卫生 ················· 203

十六、交通安全 ················· 205
（一）步行安全 ················· 205
（二）骑车安全 ················· 206
（三）驾驶安全 ················· 206
（四）确保交通安全的措施 ················· 208
（五）企业车辆安全"十不准" ················· 208

十七、消防安全 ················· 210

（一）消防工作的方针及预防措施 ………… 210

（二）预防火灾常识 ……………………… 210

（三）灭火方法 …………………………… 211

（四）安全生存"十要素" ……………… 214

（五）《中华人民共和国消防法》的有关
　　　规定 …………………………… 214

（六）消防安全标志 ……………………… 217

附录　生产实习安全合同 …………… 218

手册使用人信息卡

一寸
照
片

班级_____学号_____
姓名_____性别_____
家庭住址_____
联系电话_____
实习学生签名_____
实习指导教师签名_____

_____年_____月_____日

一、职业道德及礼仪规范

职业道德是规范约束实习学生职业活动的行为准则。职业道德是指从事某种职业的实习学生在工作或实习过程中所应遵守的与其职业活动紧密联系的道德规范和原则的总则。

（一）职业道德基本规范

1. 爱岗敬业、忠于职守

爱岗敬业是实习学生对工作态度的首要要求。爱岗就是热爱自己工作、实习的岗位，热爱本职工作，自觉遵守实习学生行为和企业岗位规范，树立良好的工作作风，以高度的责任感承担起企业赋予的重任，这样才会有高尚的职业道德。敬业就是以认真的态度对待工作和实习，爱岗敬业具体表现为：严守岗位、尽心尽责、注重务实、乐业、勤业、精业、服务行业。爱岗与敬业是紧密相连的，只有工作责任心强，不辞辛苦，不怕麻烦，精益求精，才是真正的爱岗敬业。

忠于职守，就是要求把自己职业范围内的工作做好，达到工作质量标准和规范要求；忠于职守主要表现为：严格标准、严格工艺程序、严守行规行约、尽职尽责。如果实习学生都能够做到爱岗敬业、忠于职守，就会有力地促进企业的进步和发展。

2. 诚实守信、办事公道

诚实守信、办事公道是做人的基本道德品质，也是职业道德的基本要求。诚实就是人在社会交往和工作中，不讲假话，能够忠于事物的本来面目，不歪曲、不篡改事实，光明磊落，表里如一。守信就是信守诺言，讲信誉、重信用，忠实履行自己应承担的义

务。简而言之，就是"言必信，行必果"。

办事公道是在利益关系中，正确处理好国家、企业、个人及他人的利益关系，要求做到客观公正、克服私心、照章办事、不徇情枉法。信誉是企业在市场经济中赖以生存的重要依据，而良好的服务质量和产品是建立企业信誉的基础。

3. 遵纪守法、廉洁奉公

实习学生除了遵守国家法律、法纪和政策外，还要自觉遵守与职业活动行为有关的企业规定、企业纪律和岗位操作规程；并要求每一名实习学生一定要从自身做起、从基础做起，在职业活动实践中养成自觉遵章守纪的好习惯，时时处处按制度办事，做守纪的模范，这样才能更好地履行岗位职责，完成本职工作和实习任务。廉洁奉公强调的是，要求实习学生公私分明，不损害企业的利益，自觉维护企业的形象；廉洁奉公主要表现为：对企业财物要严格管理、按章使用、精心保管、认真维护，不得擅自私用和铺张浪费；在日常工作和业务往来中，要认真履行财务手续，不得利用职权和工作便利徇私舞弊；在财务开支方面，不允许先斩后奏；在日常工作和业务往来中，不得向客户提出额外要求，在业务费用方面，不允许额外超支。遵纪守法、廉洁奉公，是每个实习学生都应该具备的道德品质。

4. 服务群众、奉献社会

服务群众就是为人民服务。一名实习学生既是别人服务的对象，也是为别人服务的主体；在服务中要注意"讲文明，有礼貌"，这也是中华民族的传统美德；只有讲文明礼貌，搞好优质服务，整个社会才会逐步形成相互理解、关系融洽、团结和谐的良好氛围；文明礼貌、优质服务，就是要求实习学生热情主动、说话和气、耐心周到。热情主动表现为：待客如宾、态度积极；耐心周到表现为：心平气和、沉着静

思，想服务对象所想，急服务对象所急；真正地把服务对象的事情当作自己的事情来办，让服务对象体会到一种到家的感觉。奉献社会是职业道德中的最高境界，同时也是做人的最高境界。奉献社会就是不计个人名利得失，一心为社会做贡献，全心全意为人民服务。

（二）礼仪规范

规范的礼仪既是企业对内、对外形象的准确体现，又是实习学生个人修养的重要组成部分，所有实习的学生应该遵守礼仪规范，逐步养成良好的工作、生活习惯，进而帮助企业成长为一个高素质的团队、把自己锻炼成为一名优秀的实习学生。

1. 仪容

（1）头发

1）头发干净、整齐、勤洗、勤理。

2）头发着色自然，男生严禁长发、染发；男生头发长度的标准：前面的头发不盖住眉毛，后面的头发不盖住衣领，侧面的头发不盖住耳朵，如图1-1和图1-2所示。

图1-1　前面的头发

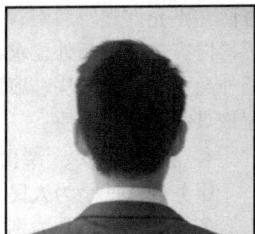

图1-2　后面、侧面的头发

3）女生严禁奇异发型；女生头发长度的标准：前面的头发不盖住眉毛，后面的头发不超过肩臂；短头发要合拢在耳部后面，对于长头发则一定要挽起，

并用发夹固定在脑后，如图1-3和图1-4所示；严禁佩戴夸张的头饰、耳饰。

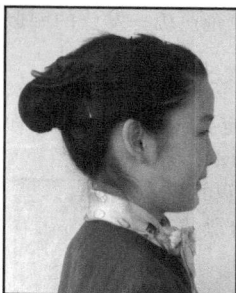 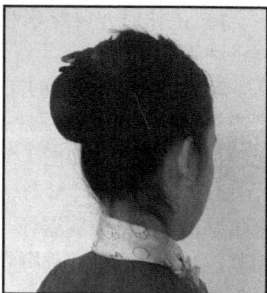

图1-3　侧面的头发　　　　图1-4　后面的头发

（2）面部

1）面部干净，口腔清洁，无异味。

2）眼角清洁，佩戴眼镜时，保持眼镜片清洁；在室内，严禁佩戴有色眼镜。

3）鼻孔清洁，平视时，鼻毛不外露。

4）耳部清洁，耳廓、耳根后面及耳孔边保持清洁。

5）男生不留胡须及长鬓角，养成每天修面、剃须的良好习惯。

（3）口腔

1）勤刷牙，保持牙齿清洁，口腔清新。

2）工作前，不吃异味食物、食品，不喝含酒精的饮品。

（4）手部

1）手要保持清洁，要养成勤洗手（饭前、便后必须洗手）的好习惯。

2）要养成勤剪指甲的良好习惯。

（5）体味

1）勤换、勤洗内外衣物，勤洗澡，给人以清新、充满活力的感觉。

2）男生、女生严禁使用香味过浓的香水。

2. 仪表

1）工作时，要穿学校、企业统一发放的制服、佩戴胸牌或胸卡。

2）在迎宾、接待的岗位实习时，需要统一系领带或领花时，制服及领带一定要整齐、平整、干净、无皱折、无污损，如图1-5所示。

3）穿制服、衬衫时，钮扣要全扣好，不允许敞胸露怀，严禁将制服、衬衫的衣袖、裤脚卷起。

图1-5　迎宾

4）穿着的要领：

①衬衫袖口的长度应超出西装袖口1cm为宜，衬衫的袖口必须扣上，衬衫的下摆必须扎在裤内或裙内。

②领带的长度以刚好盖住皮带扣为宜，系黑色皮带为佳。

③西装裤裤脚的长度以穿鞋后距离鞋底1cm为宜。

④女生穿裙装时，必须穿上连裤丝袜（严禁穿着挑丝、有洞或补过的袜子），丝袜的颜色以肉色为宜，切忌光脚穿鞋；男生穿黑色西装裤时，应穿黑色、深蓝色或深灰色袜子，并穿上黑色皮鞋，注意皮鞋要保持光亮。

5）严禁实习学生穿着拖鞋、凉鞋参加实习。

每日实习前，一定要先检查自己的仪容、仪表；在公共场所，如果需要整理自己的仪容、仪表，一定要到卫生间、工作间或顾客看不见的地方进行整理，严禁当着顾客的面或在公共场所进行整理。

3. 仪态

（1）站姿——站如松（见图1-6～图1-8）

图1-6　站如松　　图1-7　站姿侧面　　图1-8　站姿后面

1）站立要端正，挺胸收腹，眼睛平视，嘴微闭，面带笑容，双臂自然下垂或在体前交叉，右手放在左手上，以保持随时向顾客提供服务的状态。

2）女生站立时，脚呈 V 字形，双膝和脚后跟要靠紧，如图1-9、图1-10所示；男生站立时，双脚与肩应保持同宽。

图1-9　女生站立正面　　　图1-10　女生站立后面

3）站累了，脚可以向后站半步或移动一下位置，但上体仍要保持正直，不可以把脚向前或向后伸出太多。

4）站立时，严禁身体东倒西歪、倚壁而立、双手叉腰、双手插口袋、双手抱胸、无精打采、有失个人和企业的形象。

（2）坐姿——坐如钟（见图1-11和图1-12）

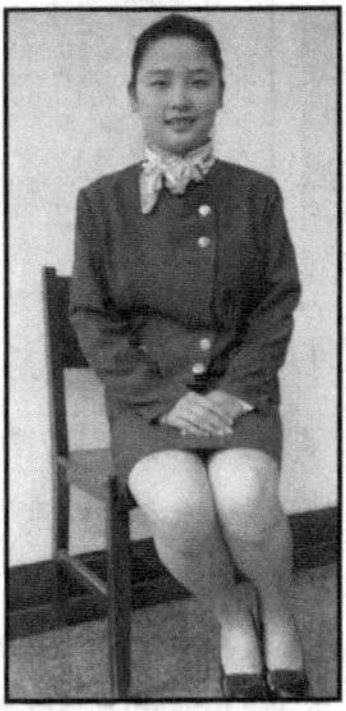

图1-11　坐姿端正

图1-12　坐如钟

就坐时，姿态要端正。入坐时，要轻缓，上身要直，身体的重心向下，腰部要挺起，脊柱向上伸直，胸部向前挺，目光平视，面带笑容，双肩端平，双膝并拢，双手自然放在双膝上；坐时，不要把椅子坐满，但是也不要坐在椅子边上，如图1-13所示。

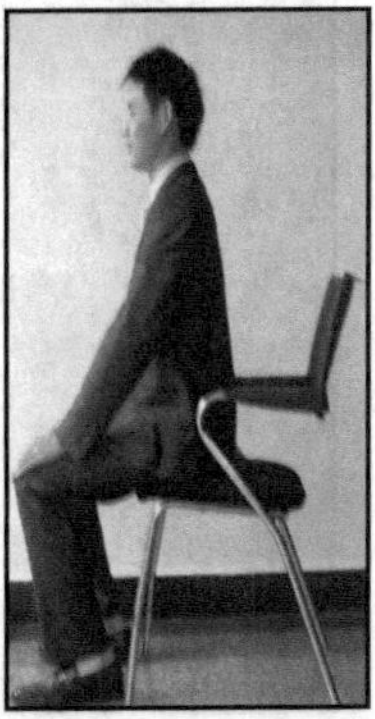

就坐时，严禁以下几种姿势：

1）坐在椅子上，前俯后仰、晃腿、跷脚。

2）把脚放在桌子、沙发

图1-13　坐姿侧面

扶手上或把脚架在茶几上，其他不正确的坐姿如图1-14～图1-18 所示。

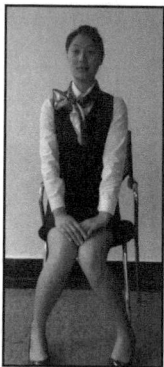

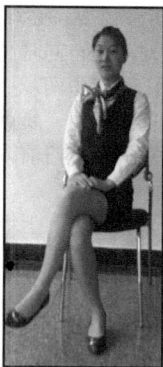

图 1-14　内八字　　图 1-15　跷二郎腿　　图 1-16　外八字

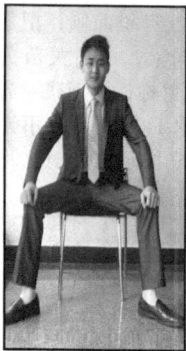

图 1-17　两腿太开　　　　图 1-18　双脚交叉

3）在上级或顾客面前，双手抱在胸前，半躺半坐，趴在工作台上。

（3）行走——挺直你的上身

1）行走时，要注意昂首挺胸、收腹，肩要平，身要直，走直、走稳；男生行走时，禁止扭腰；女生行走时，严禁摇晃臀部。

2）行走时，严禁摇头晃脑、吹口哨、手插口袋、打响指、与他人拉手、搂腰搭肩、奔跑、跳跃。

3）确实因为工作需要，必须超越顾客时，必须要礼貌致歉，说声对不起；同时注意：

①尽量靠右行，不走中间。

②与上级、顾客相遇时，要点头致意。

③与上级、顾客同行至门前或上、下电梯时，应主动开门，让他们先行。

④引导客人时，让顾客、上级在自己的右侧。

⑤上楼时，顾客在前；下楼时，顾客在后；三人同行时，中间为上宾。

⑥在人行道上，女士走在内侧；顾客迎面过来或上楼梯时，要主动为顾客让路。

（4）手势

1）在给顾客指引方向时，上身稍前倾，把手臂伸直，手指自然并拢，手掌心向上，以肘关节为中心，指向目标；同时，眼睛看着目标，并观察对方是否看到了目标，正确的手势如图1-19所示；不正确的手势如图1-20所示；在介绍或指示方向时，不允许使用一只手指进行指点。

图1-19　请的正确手势

图1-20　错把右手放在了前面

2）在递给顾客东西时，应使用双手恭敬地奉上。

3）谈话时，手势不宜过多，幅度不宜太大；否则，会画蛇添足。

（5）表情

1）要面带微笑，和颜悦色，给顾客以亲切感，如图 1-21 和图 1-22 所示；不允许表情冷漠、呆板，不要让顾客感觉到不愉快。

图 1-21　面带微笑　　　　　图 1-22　和颜悦色

2）要聚精会神地听、多听少说，给顾客以尊重的感受；不允许无精打采或漫不经心，不要给顾客留下不受重视的感觉。

3）要坦诚待客，给人以真诚实感；不要诚惶诚恐，给人以虚伪的感觉。

4）要沉着稳重，给人以镇定的感觉；不要慌手慌脚，给人以毛躁的感觉。

5）要神色坦然、轻松、自信，给人以放松的感觉；不要双眉紧锁，满面愁云，给人以压抑的感觉。

6）不允许带有厌烦、僵硬、愤怒的表情；不允许做鬼脸、吐舌、眨眼，给人以不受敬重的感觉。

4. 规范

（1）服务规范

微笑多一点，脾气小一点；

嘴巴甜一点,理由少一点;

度量大一点,做事多一点;

效率高一点,讲话轻一点;

脑筋活一点,动作快一点;

卫生好一点,心情好一点。

(2) 言行举止

1) 举止要端正,动作要文明,站、走、坐都要符合礼仪规范的要求:站,要保持良好的站立姿势,不允许站时东倒西歪;走,要走得自然,目视前方,步履平稳;坐,要有坐姿:女生坐时,双膝并拢,坐下或站起时,姿势不宜过大。

2) 迎客时,要走在前面;送客时,要走在后面;顾客路过时,要主动让路;与同行同行时,不要抢道;不允许在顾客中间穿行。

3) 在顾客面前,禁止各种不文明的举动。

①吸烟,吃零食;掏鼻孔,剔牙齿,挖耳朵。

②抓头,搔痒;打饱嗝,打喷嚏,打哈欠;修指甲,伸懒腰。

③随地吐痰,扔果皮、纸屑、烟头或其他杂物。

4) 在实习、工作时,应保持室内安静,避免发出过大的响声。

①说话声要轻,不允许在室内大声喧哗、打闹、吹口哨、唱小调。

②走路,脚步要轻;取、放物品,动作要轻。

(3) 接待顾客

1) 接待条例。

用户至上,规范服务;

接待顾客,热心周到;

问明情况,记录详细;

本职范围,当场解答;

复杂问题,及时转告;

服务到位,满意而归。

2) 顾客来时。看到顾客停车或下车，迅速起身到门口迎接；有时间可为顾客掀起门帘，同时向顾客说："您好! 欢迎光临!"顾客为同行数人时，应该向每一位顾客打招呼。

①面带微笑，站立服务；坐着时，一定要站起来；不允许坐着与顾客谈话。

②主动问好，主动打招呼；以尊称开口，表示尊重；并辅以简单、亲切的问候或者关照的短语。

③与顾客接触时，要热情大方、举止得体、一视同仁。

④当顾客朝向你的岗位走来时，无论你正在做什么，都应暂时停下来，招呼顾客。

⑤顾客落座后，应该主动为顾客倒水；顾客离开后，及时清理水杯；遇到时同事或上级忙于接待顾客时，应该主动代其为顾客倒水；顾客离开后，及时清理水杯。

3) 与顾客交谈。

①与顾客交谈时，宜保持 1m 左右的距离。

②要注意使用礼貌用语，注意"请"字当头，"谢"字不离口，表现出对顾客的尊重。

③与顾客交谈时，态度一定要和蔼，语言要亲切，声音要自然、清晰、柔和，音量要适中，既不要过高，也不要过低，以对方能听清楚为宜；答话时，要迅速、准确。

④不要随便打断顾客的话，要等顾客把话说完；对于没听清楚的地方，要有礼貌地请顾客重复一遍；不要有任何不耐烦的表示，不要心不在焉、漫不经心、左顾右盼。

4) 对于顾客的问询。

①应给予圆满的答复。

②若遇到不知道或说不清楚的问题时，应立即查找有关资料、请示领导或专业人员，尽量答复顾客，

绝对不允许以"不知道、不清楚"作为回答。

③回答问题时,要负责任,不允许不懂装懂、模棱两可、胡乱作答。

5)对于顾客的求助。顾客要求提供服务时,要主动、热情为顾客提供服务;不允许表现出:厌烦、冷漠、无关痛痒的神态,千万不能说:"你怎么这么啰嗦,你没看见我正忙着呢?"

6)同时遇到两位顾客。在与顾客交谈时,又遇到了另一位顾客上门。

①先应该先点头示意、打过招呼,或请顾客稍等;不能视而不见、无所表示、冷落顾客。

②应尽快地结束与前一位顾客的谈话,再招呼后一位顾客。

③如果等待的时间较长,应该先说一声:"对不起,让您久等了",不能一声不吭就开始与新的顾客谈话。

7)顾客走时。顾客离开时,要送到门外,主动为顾客开门或掀起门帘,主动与顾客握手道别:"您慢走,欢迎下次光临"。送走顾客后,及时留档、安排好跟进计划。

8)接待时应注意的事项。

①切忌两位顾客同时在场,对一位顾客过分亲热或与之长时间的交谈,而冷落另一位顾客。

②三人以上对话时,要用相互之间都能听得懂的语言,即普通话进行对话。

③严禁与顾客开过分的玩笑、打闹或取外号。

④不得以任何借口顶撞、讽刺、挖苦顾客;不开过分的玩笑;不讲粗言恶语,不使用蔑视和污辱性语言;不高声辩论,不大声争吵,不高谈阔论。

⑤顾客相互之间交谈时,不允许走近偷听,也不允许在一旁窥视顾客的行动。

⑥对体态奇特或服装奇异的顾客,切忌交头接耳或指手画脚,更不允许围观;对顾客的方言土语,不

允许模仿、讥笑；对身体有缺陷或病态的顾客，更应该热情、周到地服务，不允许有任何嫌弃的表现。

⑦不允许模仿他人的语言、声调和谈话；不得聚堆闲谈，高声喧哗；不要高声呼喊另一个人。

⑧不允许将工作中或生活中的不愉快带到服务中来，更不允许发泄到顾客身上。

⑨顾客要求办的事，必须脚踏实地去做，并把最后的处理结果，尽快告知顾客。

⑩不讲有损企业形象的话，不允许有过分亲热的举动，更不能做有损人格的事。

9）处理问题的方法。

①当顾客提出的某项服务要求，而又一时满足不了时，应该主动地向顾客讲清楚原因，并向顾客表示歉意，同时，要给顾客一个解决问题的建议或主动出面协助联系解决。要让顾客感到，虽然这个问题当时没有能马上解决，但是得到了应有的帮助。

②在原则性、较敏感的问题处理上，态度要明确，但说话方式要婉转、灵活，既不违反规定，也要维护顾客的自尊心，切忌使用质问式、怀疑式、命令式的说话方式。

③有打扰顾客的地方或请求顾客协助的地方，首先要表示歉意，说声"对不起，打扰您了"；对于顾客的帮助或协助表示感谢。顾客对我们感谢时，一定要回答"不客气"。

④对顾客的困难，要表示理解，并尽力想办法解决。

⑤若遇到问题与顾客有争议时，可婉转解释或请上级处理，切不可与顾客争吵。

5. 工作态度

1）对生人、熟人一样热情，忙时、闲时一样认真，领导在与不在时一样尽心，顾客买与不买时一样耐心。

2）具备良好的职业道德。不议论同行的长短，不说同行的坏话，不做有损企业形象的任何事情。

二、文明实习规范

（一）文明实习的基本要求

1）执行规章制度，遵守劳动纪律。
2）严肃工艺纪律，贯彻操作规程。
3）优化实习环境，创造优良实习条件。
4）按规定完成设备的维护保养。
5）严格遵守实习纪律。

（二）实习日常行为规范"十不准"

1）不准吸烟、酗酒、吃槟榔、吃口香糖、听mp3、听收录机及玩手机。
2）不准在现场打斗、追逐，不准翻爬围栏、围墙。
3）不准在实习现场吃零食，不乱丢果皮、纸屑、塑料袋及瓜子壳。
4）不准损坏公共财物。
5）不准顶撞实习指导教师和教职工。
6）不准私带工具、材料出实习企业（车间）。
7）不准干私活、做凶器，不准偷材料、零件等。
8）不准私拆、私装电器。
9）不准乱动未批准使用的设备，不准乱写、乱画。
10）不准玩火、手机、电子游戏、台球、扑克、麻将及其他赌博游戏。

（三）实习课的课堂规则

1）实习课前，实习学生必须穿好防护用品（实

习服、实习帽、实习鞋），由班长负责组织集合，提前5min进入实习课堂。

2）实习指导教师讲课时，实习学生要专心听讲，认真做笔记，不得讲小话和干其他事情。提问要举手，经实习指导教师允许后，方可起立提问；进出实习企业（工厂）应得到实习指导教师的许可。

3）实习指导教师操作示范时，实习学生要认真观察，不得乱挤和喧哗。

4）实习学生要按照实习指导教师分配的位置进行练习，不得串岗，更不允许私开他人的设备。

5）严格遵守安全操作规程，严防人身、设备事故的发生。

6）严格执行首件检查制度，按照实习课程、课题要求，保质、保量、按时完成实习任务，不断提高操作水平。

7）爱护公共财产，珍惜一滴油、一度电、一把刀，尽量修旧利废。

8）保持实习现场的整洁。下课前，要全面清扫、保养设备，收拾好工具、材料，关闭好电源开关、水龙头，写好交接班记录，开好班后会。

9）去企业参观实习时，应严格遵守企业的有关规章制度，服从安排，尊敬师傅，虚心求教。

三、安 全 文 化

安全文化被看做一种包含安全健康的意识、观念、态度、知识和能力等的综合体，而不是狭义安全文化的概念，这与广义安全文化的观点是不谋而合的。"安全文化"的概念产生于 20 世纪 80 年代的美国，其英文为"Safety Culture"，而"Culture"一词，中文一般译为"文化"，但是该词还含有"教养、陶冶、修养、培养"等意思。按照安全文化的首创者——国际核安全咨询组（INSAG）和英国健康安全委员会核安全委员会（HSCASNI）对安全文化所做的定义来看，将"Safety Culture"翻译成"安全修养"或"安全素养"似乎更确切。实际上，促进安全文化发展的目的应该是为人类创造更加安全健康的工作、生活环境和条件；而这个目的的实现，离不开人们对安全健康的珍惜和重视，及使自己的行为符合安全健康的要求。安全文化的实质就是人的这种对安全健康价值的认识以及使自己的一举一动符合安全行为规范、身心健康、安全，而创造的一切安全物质财富和安全精神财富的总和。

（一）企业安全文化的构成

安全文化是人类文化的组成部分。安全文化在工业领域的应用就成了企业（工业）安全文化，与行政或管理工作相结合就成了安全管理文化。把安全文化的内容引入企业（工业）领域继承和创造保障人的身心安全（含健康）并使其能舒适、高效活动的物质和精神形态的东西，就构成了企业安全文化。企业安全文化的核心问题是保护人。

（二）"安全第一"观念的起源

"安全第一"观念起源于 20 世纪初美国的钢铁行业。1901 年，美国的钢铁工业受经济萧条的冲击，同时，钢铁业作为当时先进的工业行业，其客观的高危险性对产业发展造成了明显的影响。U.S 钢铁厂厂长格里针对钢铁工业生产的需要，提出了"安全第一"的企业经营方针，致力于安全生产的目标，结果发现其不但减少了事故，同时产量和质量都得到了明显的提高。从此，"安全第一"观念在工业社会得以普遍接受。

（三）安全生产方针

安全生产工作的基本方针是"安全第一，预防为主，综合治理"。

（四）安全生产的基本常识

1. 安全标志基本常识

（1）安全色　安全色的含义及用途，见表 3-1。

表 3-1　安全色

颜色	颜色的含义	用途示例
红色	各种禁止、停止、危险标志	设备停止按钮、禁止烟火
蓝色	各种指令、遵守标志	必须戴防护眼镜、必须系安全带
黄色	各种注意、警告标志	当心爆炸、当心触电
绿色	各种提示、安全标志	设备起动按钮、紧急出口

（2）安全标志　安全标志是由安全色、几何图形和图形符号构成，表示特定的安全信息；安全标志的类型及含义见表3-2。

表3-2　安全标志

类型	含义	图形的基本形式	图形的特点	图形符号	衬底色
禁止标志	禁止员工不安全行为	带斜杠的圆边框	圆环和斜杠为红色	黑色	白色
警告标志	提醒对环境注意，避免危险	正三角形边框	三角形边框和图形为黑色	黑色	黄色
指令标志	必须采取的防范措施	圆形边框		白色	蓝色
提示标志	提供特定的信息	正方形边框		白色	绿色

2. 安全实习的基本常识

1）开始实习前，必须按规定穿戴好防护用品。

2）严格遵守各项安全操作规程。

3）不准擅自使用不熟悉的设备和工具。

4）清除切屑必须使用专用工具，不得直接用手拉切屑。

5）毛坯、半成品、汽车配件应按规定堆放整齐；在通道上不准堆放任何物品，并应随时清除油污、积水等。

6）工具、夹具、器具应放在固定的地方，严禁

乱堆乱放。

7）实习现场严禁吸烟。

（五）安全生产"十不准"

1）不准无证上岗。

2）实习学生不穿戴好劳动防护用品不准上岗。

3）上课时，不准吸烟、吃东西、听 mp3 和玩手机。

4）实习前，应按机床润滑图表的规定加注润滑油，低速空载运转机床 3 ~ 5min，经检查确认机床正常后，方能正式进行操作；不准不检查机床就加工工件。

5）操作机床时，有不清楚的地方或机床有故障，应及时向实习指导教师报告，不准盲目操作。

6）不准用加力杆操作机床的手柄或手轮。

7）使用的工具、量具、刃具和加工的工件不准放在机床的旋转件、移动件和导轨面上。

8）机床运转时，不准装卸、测量工件；不准触摸或敲击正在旋转的工件。

9）不准用手直接清除切屑，清除切屑必须使用钩子或刷子，不准戴手套操作机床。

10）同学之间不准在实习现场相互追赶、戏耍。

（六）焊割作业"十不准"

1）未经安全技术培训考试合格，未领取证书者，不准焊割。

2）在重点要害部门和重要场所，未采取措施，未经企业有关领导、车间、安全、保卫部门批准和办理动火证手续者，不准焊割。

3）在容器内工作时，如果没有 12V 低压照明、

通风不良及无人在外监护，则不准焊割。

4）未经企业领导同意，对于车间、部门擅自拿来的物件，在不了解其使用情况和构造情况下，不准焊割。

5）盛装过易燃、易爆气体（固体）的容器、管道，未用碱水等彻底清洗和处理，彻底排除火灾爆炸危险前，不准焊割。

6）用可燃材料作保温层、隔热、隔音设备的部位，未采取切实可靠的安全措施，不准焊割。

7）有压力的管道或密闭容器，如空气压缩机、高压气瓶、高压管道、带汽锅炉等，不准焊割。

8）焊接场所附近有易燃物品时，未清除或未采取安全措施前，不准焊割。

9）在禁火区内（防爆车间、危险品仓库附近），未采取严格隔离等安全措施，不准焊割。

10）在一定距离内，有与焊割明火操作相抵触的作业（如汽油擦洗、涂装、灌装汽油等能排出大量易燃气体的）时，不准焊割。

（七）起重作业"十不准"

1）超载或被吊物重量不明，不准吊。

2）指挥信号不明确，不准吊。

3）捆绑、吊挂不牢或不平衡，可能引起滑动时，不准吊。

4）被吊物上有人或浮置物时，不准吊。

5）结构或零部件有影响安全工作的缺陷或损伤，不准吊。

6）遇有拉力不清的埋置物件，不准吊。

7）工作场地昏暗，无法看清场地、被吊物和指挥信号，不准吊。

8）被吊物棱角处与捆绑钢丝绳间未衬垫，不准吊。

9）不准歪拉斜吊重物。

10）钢水包装得过满时，不准吊。

（八）预防事故发生的"十个问号"

一问身体状况是否正常。

二问心理状况是否正常。

三问操作前是否进行了安全检查。

四问劳动防护用品是否穿戴好。

五问操作技术是否熟练掌握。

六问是否及时处理了工作中出现的异常情况。

七问自己周围是否存在危险因素。

八问工作中是否有不良习惯。

九问是否严格遵守安全操作规程。

十问是否注意消除危险隐患。

（九）机械安全防护知识

1. 常用机械设备的危险性

（1）旋转部件的危险性

1）卷带和钩挂　实习学生的手套、上下衣摆、裤管、鞋带以及长发等，若与旋转部件接触，易被卷进或带入机器，或者被旋转部件凸出部件挂住而造成伤害。

2）绞碾和挤压　齿轮转动机构、螺旋输送机构、车床、钻床等，由于旋转部件有棱角或呈螺旋状，实习学生的衣、裤、手、长发等极易被绞进机器，或因转动部件的挤压而造成伤害。

3）刺割　铣刀等刀具是旋转部件，十分危险，实习学生若操作不当，接触到旋转刀具，即被刺伤或割伤。

4）打击　作旋转运动的部件，在运动中产生离心力，旋转速度越快，产生的离心力越大。如果部件有裂纹等缺陷，不能承受巨大的离心力，便会破裂并

高速飞出。实习学生若被高速飞出的碎片击中,将会造成十分严重的伤害。

(2)机械部件作直线运动的危险性 由于刀具或模具作直线运动,如果实习学生的手误入此作业范围,就有可能会造成伤害。这类设备有冲床、剪床、刨床和插床等。

2. 常用机械设备的安全防护通则

(1)安全防护措施

1)密闭与隔离 对于传动装置,主要的防护方法是将它们密闭起来(如齿轮箱)或加防护罩,使人接触不到转动部件。防护装置的形式大致有整体保护装备、网状保护装备和保护罩等。

2)安全联锁 为了保证实习学生的安全,有些设备应设联锁装置,当实习学生操作错误时,可使设备不动作或立即停机。

3)紧急制动 为了排除危险而采取的紧急措施。

(2)防止机械伤害通则

1)正确维护和使用防护设施 应安装而没有安装防护设施的设备,不能运行;不能随意拆卸防护装置、安全用具、安全设备,或使其无效。一旦修理和调整完毕,就应立即重新安装好这些防护装置和设备。

2)转动部件未停稳前,不得进行操作 由于机器在运转中产生较大的离心力,如离心机、压缩机等,这时实习学生进行生产操作、拆卸零部件、清洁保养等工作是很危险的。

3)正确穿戴防护用品 防护用品是保护实习学生安全和健康的必备用品,必须正确穿戴衣、帽、鞋等防用具;实习服应做到三紧:袖口紧、下摆紧、裤口紧;酸碱岗位和机器高速运转岗位的实习学生,要坚持戴防护眼镜。

4）站位得当　在使用砂轮机时，应站在砂轮机的侧面，以免万一砂轮破碎飞出时被打伤；另外，不允许在起重机吊臂或吊钩下行走或停留。

5）转动部件上不得放置物品　特别是机床，在夹持工件过程中，不要将量具或其他物品顺手放在未旋转的部件上；否则，一旦机床起动，这些物件极易飞出而引发事故。

6）不准跨越运转的机轴　机轴如处在人行道上，应加装跨桥；无防护设施的机轴，不准随便跨越。

7）严格执行操作规程和操作方法　认真做好维护保养，严格执行有关企业规章制度和操作方法，是保证安全运行的重要条件。

（十）不安全行为

1. 不安全行为在十三方面的表现

1）忽视安全、忽视警告。

2）操作错误造成安全装置失效。

3）使用不安全设备。

4）用手代替工具操作。

5）物体存放不当。

6）冒险进入危险场所。

7）攀、坐不安全位置。

8）在起吊物下作业、停留。

9）机器运转时进行加油、修理、检查、调整、焊接、清扫等工作。

10）注意力分散。

11）未用个人防护用品。

12）穿着不安全装束。

13）对易燃、易爆物处理不当。

2. 不安全行为举例

千万别因小失大，如图 3-1 所示。

图 3-1   因小失大、后患无穷

（十一）事故追究责任制

《安全生产法》明确规定：国家实行生产安全事故责任追究制度，"责任面前人人平等"。无论什么人，只要违反《安全生产法》，都要一查到底。

处理安全事故的"四不放过"原则：

1）事故原因和性质不查清，不放过。

2）防范措施不落实，不放过。

3）事故责任者和职工群众未受到教育，不放过。

4）事故责任者未受到处理，不放过。

（十二）安全事故调查与分析

实施安全事故调查的主要目的，不仅仅是追究失职人员的责任，还在于收集事故发生的资料，分析整理造成事故的原因，制订预防安全事故再次发生的对策，同时按规定向有关单位报告及填报事故灾害统计资料。

1. 安全事故灾害发生的模式

美国的海尼（H. W. He-inrich）对于意外安全事故发生的前因后果有着系统的研究。他于 1931 年首先提出安全事故发生的"骨牌理论（domino theory）"，成为研究意外安全事故发生的先驱。在骨牌理论中，安全事故由五大因素组成：

1）社会环境。

2）个人的失误。

3）不安全状况或行为。

4）意外事故。

5）伤害。

这五个因素就如排好顺序的骨牌一样，当中任何一张骨牌倒下，都有可能会引发事故而造成伤害，如图 3-2 所示。

图 3-2　安全事故发生的骨牌理论

要避免意外安全事故的发生及其造成的伤害，最重要且最关键的方法就是要排除"不安全状况或行为"这项因素。因为"不安全状况或行为"是导致意外安全事故发生的直接原因。当直接原因被排除后，即使存在"社会环境"及"个人的失误"等因素，也只不过是间接原因而已，并不会直接引发意外安全事故，如图 3-3 所示。

由图 3-3 可知，当"不安全状况或行为"这张骨牌被抽走（直接原因就被排除）后，即使是"社会

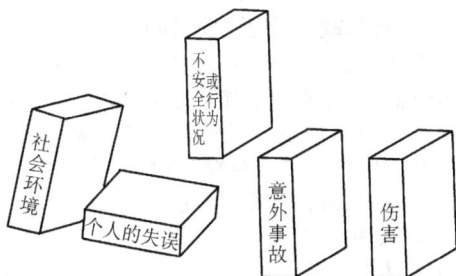

图 3-3　预防安全事故发生的方法

环境"及"个人的失误"这两张骨牌倒下（间接原因出现），也不会导致意外安全事故的发生。

因此，安全事故调查的目的，在于找出导致安全事故发生的"不安全状况或行为"等相关资料，然后使用系统的方法找出这些安全事故的因果关系，从而建立预防安全事故发生的对策，将导致事故发生的直接原因予以排除。

2. 安全事故的分析方法

安全事故分析的方法有很多种，最简单的就是鱼骨分析法。由于此方法应用非常简便，因此很适合用于初步的调查分析，然而若要对安全事故的原因作更深入的分析，则需要采取更具系统化的分析方法，例如失效形式与效应分析（Failure Modes and Effects Analysis，简称 FMEA）、事件树分析（Event Tree Analysis）及失误树分析（Fault Tree Analysis）等。

（十三）安全生产标志

见封二。

四、安全操作规程

（一）汽车维修工安全操作规程

1. 基本要求

1）须经安全知识、专业知识培训，考试合格后，才能上岗操作。

2）除遵守本规程外，还应遵守"机械加工通用安全操作规程"的有关规定。

2. 实习前要求

1）穿戴好劳动防护用品。其中，工作服应穿合体、耐磨的工作服，并且工作服不能过于肥大；工作鞋应穿帆布胶底鞋；手套应戴织线较厚的长手套。

2）检查举升、起重设备、工具、消防设施及安全隐患，禁止使用一切有问题的工具和设备，排除所有的安全隐患。

3）汽车在拆卸前，应对汽车外部进行清洗，清除泥沙、油污，并放尽润滑油和其他的液体；在指导教师的指导下，了解、熟悉所修汽车的结构、性能，查明汽车需要解决的机械、电气故障；对于汽车的小修项目，拟订工作计划；对于汽车的大修项目，需要制订维修工作计划方案，并备好大修项目所需要的修理配件。

4）清理好维修实习现场，保持良好的实习环境。

3. 实习中要求

1）认真执行汽车维修工艺规范及汽车维修技术标准。

2）严格执行各职业、各工序的安全技术操作规

程,严禁一切违章作业。

3)检查汽车前、后桥架置状况,汽车未垫稳或没有使用保险架时,严禁进行维修操作。

4)就地维修时,必须将驻车制动拉起,再把汽车的前、后轮胎用三角木固定牢靠,确定汽车不会溜动后,才能进行维修(见图4-1)。

图4-1　正在给汽车进行维修

5)使用举升机、四轮定位仪等专用设备时,必须严格按照设备操作规程进行操作。

6)使用千斤顶顶汽车时,应选择符合汽车吨位的千斤顶,严禁使用小吨位的千斤顶顶起大吨位的汽车,以免损坏千斤顶或造成事故;安置千斤顶时,千斤顶必须要放置平稳,严禁在支撑点垫砖头等易碎物体;必须使千斤顶的轴线垂直于被顶的工作物,避免产生滑动;落下千斤顶前,应检查周围是否有障碍、是否会压着自己;落下千斤顶时,应缓慢下降,以确保安全。

7)使用千斤顶进行底盘作业时,必须选择平坦、坚实的场地,并使用三角木把前、后车轮塞稳,

然后必须再使用安全凳，按维修车型规定的支撑点将汽车支撑稳固后，才能进行维修作业；禁止只使用千斤顶顶起汽车后，维修者在汽车底盘下进行作业，以防止发生事故。

8）不允许在吊起的物件下面工作，必须在专用座架的地方对汽车总成或部件进行拆装。

9）如果需要在汽车下面进行维修工作，应在汽车四周设置明显的标志、标牌，并将汽车用掩车木掩好；在汽车下面工作时，不要直接躺在地上，应尽量使用卧板，并且必须戴上防护眼镜，以防止汽车上的小物体或泥沙坠落，对维修者的眼睛造成伤害。

10）拆装汽车发动机或底盘各总成时，应使用专用的、适宜的起重设备或成套的专用扳手进行拆装；吊装及运输过程中，应避免吊件摇晃或站在吊件下面操作，以确保吊件和人身的安全；严禁使用锤子、錾子代替专用扳手或专用设备进行工作；严禁在扳手上加接长管来增加扭力。

11）从汽车上拆下的半轴、传动轴等轴类零件，不允许竖立在汽车的车体旁边，而应平放在专用的座架或地面上，以防其倒下时伤人和刮伤车体。

12）在汽车发动机罩下工作时，必须让其他人离开驾驶室，以防止汽车发动机突然转动或他人操纵机构引起汽车发动机动作，造成误伤。

13）修复好的发动机在起动前，必须先检查发动机各部件装配是否正确，是否按规定加足了润滑油、冷却水，应置变速器于空挡，以防止汽车误动伤人，再轻点起动电动机试运转；严禁发动机运转时，在汽车下面工作或调整风扇的皮带；发动机工作时，注意手、衣物和工具必须离开旋转的风扇和风扇的皮带。

14）在安装总成时，严禁用手指去触摸螺纹孔、销孔；严禁用手指去拨动变速器内的齿轮，严禁把手

指伸进弹簧钢板的孔里，避免手指被挤伤或轧断。

15）两人以上协同操作时，要互相照顾、互相配合，步调必须一致。

16）在汽车上，用汽油清洗发动机部件时，一定要切断电源；使用汽油、煤油清洗汽车零部件，必须距离明火5m以外；维修汽车使用的各种油料必须严格保管（见图4-2），不许乱动；维修汽车的工作场所严禁吸烟和明火。

17）拆装汽车的零部件时，必须使用合适的工具或专用机械设备进行拆装，以防损坏汽车的零部件；严禁蛮干、强拆，不得使用硬物、锤子直接敲击汽车的零件，而必须通过垫上铜条之类的软金属去间接敲击；所有汽车的零部件拆卸后，

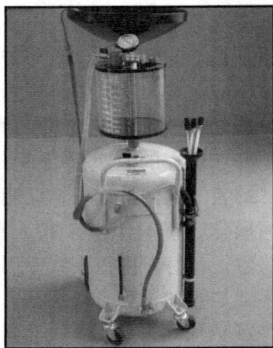

图4-2　汽车发动机抽油机

一定要按顺序摆放整齐，不得随地堆放。

18）拆装螺栓或螺母时，应选用合适的呆扳手、梅花扳手或套筒扳手进行拆装；不允许使用活扳手、手钳进行拆装，以免损伤螺栓或螺母的棱角；凡是规定了拧紧力矩或拧紧顺序的螺栓及螺母，必须使用扭力扳手按规定的顺序进行拧紧。

19）在选配螺栓、螺母时，对于主要的螺栓、螺母不允许使用已经有滑扣、变形、缺陷、裂纹和拉长的螺纹零件；对于普通的螺栓、螺母，凡是已经有明显的螺纹缺陷或滑扣在两扣以上的螺纹零件，也不允许再使用；与螺栓、螺母相对应的垫圈、开口销、锁紧垫片、金属锁线等，必须按规定技术要求进行选

用，并装配齐全；在拆装中，凡是有弹簧垫圈、开口销、保险垫片等起防松作用的标准件，在重新装配时，一定要如数装配，缺一不可，绝不允许将就使用。

20）对于有平衡要求的汽车旋转零件，如飞轮、曲轴、离合器、压盘等，拆卸时应注意记号，没有记号的做上记号，以防止装错，增加动平衡的工作量。

21）各种汽车零部件必须经过检验合格的后，才能进行装配；装配时，相配零件的工作表面应注意涂抹上润滑油；装配后，再进行调试。

22）使用移动或电动工具时，必须遵守其安全操作规程；先把电动工具转移到工作地点，再接通电源，经检查电动工具安全无误后，才能开始工作；工作结束后，应先将电源断开，再取下电动工具的电源线；严禁操作者未断开电源就直接拉动电动工具的电线来拔插头。

23）为了防止火灾发生，严禁在化油器口倒注汽油，起动发动机；严禁在化油器和易燃物上试验高压打火。

24）补胎时，必须先检查压圈是否安装好；充气时，要注意气压表的读数和压力，防止气压过高；用火补胎时，要注意电烙铁的温度。

25）在发动机热状态打开水箱盖时，严禁面部直接对着水箱盖口，防止发动机的蒸汽喷出烫伤人体。

26）维修作业时，应注意保护汽车的漆面光泽、装饰、座位以及地毯，并保持维修车辆的整洁。

27）地面指挥汽车行驶、移位时，指挥者不得站在汽车的正前方与后方，并要注意周围的障碍物。

28）要保持实习场地的清洁卫生，做到文明操作；较长时间离开实习地点时，应切断电源。

29）试车者必须持有驾驶证。试车中，应根据汽

车使用情况适当增、减车速;经过大、中修后的维修汽车,禁止高速行驶、超载及拖挂车辆。

30)在修理过程中要严格执行"三检"制度,对安全关键的汽车零部件必须严格把关。

31)废油必须倒入指定的废油桶里,进行集中收集,严禁随地排放或随手倒入排水沟内,防止废油污染。

4. 实习后要求

1)认真检查并清理实习现场;对于没有修理完工的汽车应垫牢,并设置没有完工的标志。

2)关闭工作现场的电源、气源的开关,收拾好各种工具,擦拭、保养所用的机械设备(例如,汽车发动机的抽油机见图4-2),做好交班工作。

(二)冷作钣金工安全操作规程

1. 基本要求

1)须经安全知识、专业知识培训,考试合格后,才能上岗操作。

2)除遵守本规程外,还应遵守"机械加工通用安全操作规程"的有关规定。

2. 实习前要求

1)穿戴好劳动防护用品。

2)认真检查各种设备、工具的安全防护装置,确保齐全;检查低速空载运行的各种设备,确保正常;检查手电钻、电动工具、风动工具的导线、插头等绝缘程度及安全隐患,禁止使用一切有问题的设备和工具,排除所有的安全隐患。

3)清理好维修实习现场,保持良好的实习环境。

3. 实习中要求

1)使用车身校正器、剪板机、折边机、液压机

等专用设备时，工件必须要放置平稳、可靠后，严格按专用设备安全操作规程进行操作。

2）进行校正作业或选用车身校正台时，应正确夹持、固定、牵制住校正件，并使用适合的顶杆、拉具及站立位置，严防校正件出现弹跳伤人的事故。

3）仰卧钻孔时，必须佩戴防护眼镜。

4）使用长钻头钻孔时，用力不能过猛，防止钻头折断。

5）在视线较差的板料钻削通孔，对面又有人在工作时，必须提前打招呼，以防止发生事故。

6）钻孔时，工件需要别人帮助扶持、夹顶时必须要使用木块，严禁直接使用手或身体直接顶工件。

7）使用手持式电动工具，要根据不同场所选用不同类别的手持式电动工具，同时采取相应的安全措施；接手持式电动工具的电源线必须要由专业的维修电工来接，试电合格后才能使用。

8）使用平台、垫铁必须垫平、塞牢，台虎钳、夹具、模具必须要固紧。

9）使用焊枪焊接时，必须严格遵守"气焊安全操作规程"，并使用焊接专用的面罩或防护眼镜及劳动保护用品，正确使用焊枪、氧-乙炔瓶；焊枪、胶管、压力表总成禁止沾有任何油脂。

10）焊补油箱时，必须放净燃油，彻底清洗油箱，并确认油箱里无残油后，敞开油箱盖，谨慎施焊。

11）要保持实习场地的整洁，废边角料应按规定堆放在安全地点，防止刺伤或阻碍工作。

12）各种工具、设备要按相应工具、设备安全操作规程去严格操作；使用剪板机、折边机、油压机、冲床等设备时，应根据材料厚度调整好设备的间隙及限位。

13）工具、设备的电气部位，严禁乱拆、乱动、

乱搬。

4. 实习后要求

1) 认真检查并清理实习现场。

2) 关闭实习现场的电源、气源的开关，收拾好各种工具，擦拭、保养所用的机械设备，做好交班工作。

(三) 焊工通用安全操作规程

1. 基本要求

1) 须经安全知识、专业知识培训，考试合格后，才能上岗操作。

2) 从事气焊（割）、电焊作业时，应遵守"气焊（割）、电焊安全操作规程"的有关规定。

2. 实习前要求

1) 穿戴好劳动防护用品，如图4-3所示。

2) 整理焊接现场，保持通道畅通，起动通风设备。

3) 检查焊接设备、各种安全装置、电源线绝缘，确保其完好。

3. 实习中要求

1) 使用乙炔瓶、氧气瓶时，不得撞击振动，并不得在阳光下曝晒，氧气瓶与明火距离应大于10m。乙炔气瓶不能卧放。

图4-3　焊接前的完全防护

2) 气瓶使用时应保留0.1～0.2MPa余压。

3) 检查设备、管道密封性时，应使用肥皂水，严禁使用明火。

4) 在易燃、易爆等禁火区焊接，必须办理动火证。

5）焊接盛装易燃、易爆气体、液体的容器管道时，应严格执行焊接工艺，动火前事先清除余气、余液；并切断气体、液体相关进、出口；待容器管道可燃气体浓度小于该物质爆炸极限下限20%以下，方可动火焊接。焊接时所有孔盖应完全打开。焊接操作如图4-4所示。

6）压力管道、容器的焊接，须泄压后方可进行；易燃、易爆有毒介质管道、容器的焊割，在泄压后须经清洗、化验、置换符合要求，并经批准，在有人监护的情况下才能进行。金属容器内的照明电压不准超过12V。

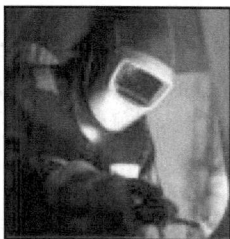

图4-4　焊接操作

7）高处施焊时，应系好安全带，并有人监护。

8）焊件应摆放牢固，消除溶渣时，应戴防护眼镜，并使溶渣飞溅方向避开行人。

9）流动电弧焊机、乙炔发生器、乙炔气瓶、氧气瓶，应由专人保管；气瓶压力表、安全阀应定期检测和校验。

4. 实习后要求

1）关闭各种气源开关，切断焊机电源，整理好焊接工具。

2）消除现场遗留的安全隐患，清扫、整理实习现场，做好交班工作。

（四）焊条电弧焊安全操作规程

1. 基本要求

1）焊条电弧焊工须经安全知识、专业知识培训，考试合格后，方能上岗操作。

2）焊条电弧焊工除遵守本规程外，还应遵守

"焊接通用安全操作规程"的有关规定。

2. 实习前要求

1) 检查电焊机外壳,应有良好的接地或接零装置。电焊机外壳接地线不得接在建筑物和各种管道上。严禁电焊机二次线圈和被焊件同时接地或接零。

2) 检查焊机电源线、工作导线、焊钳手柄、防护面罩,不允许有损坏。

3) 电焊机电源线不宜超过 3m,超过 3m 时应采用悬挂的方法架设,悬挂高度不小于 2.5m。

4) 穿戴好劳动保护用品,起动抽风装置,保证良好的工作环境。

3. 实习中要求

1) 工作台上和操作者脚下宜垫上绝缘垫;更换焊条时,应戴好手套。

2) 电焊导线不得靠近乙炔、氧气等易燃气体管道,且不能布置在同一地沟内。

3) 焊接大件,需多人搬抬时,应注意相互配合。焊件应摆放牢固。

4) 在金属容器内部焊接时,容器外应有人监护。不戴绝缘手套,脚下无绝缘垫时,不得在容器内焊接。

5) 有人握持焊接物时,应注意握持人的安全,防止其烧伤灼伤。

6) 选择流动焊条电弧焊机的放置地点时,应避免与潮湿、酸性等物质接触;并禁止放在易燃物和油箱旁。

7) 工作中,发现焊条电弧焊机有漏电现象时,应立即切断电源,找维修电工修理;焊工不得擅自拆装电源和修理焊机。

4. 实习后要求

1) 关闭焊机电源,挂好焊钳。

2) 打扫、清理实习现场,做好交班工作。

（五）气焊（割）安全操作规程

1. 基本要求

1）气焊（割）工须经安全知识、专业知识培训，考试合格后，方能上岗操作。

2）气焊（割）工除遵守本规程外，也应遵守"焊工通用安全操作规程"的有关规定。

2. 实习前要求

1）检查焊（割）枪、输气管道、乙炔发生器是否漏气。回火防止器、防爆泄压装置、指示装置均应完好。

2）使用乙炔气瓶、氧气瓶时，气瓶上的减压阀、压力表应完好。

3）整理现场，起动抽风装置，保证良好的工作环境。

4）穿戴好劳动防护用品。

3. 实习中要求

1）焊台周围严禁存放可燃物品，焊工离开工作台时，不得将燃着的焊枪放在焊台上。

2）乙炔发生器使用的电石颗粒规格应符合规定，严禁将电石粉末倒入发生器内，器内水位不得低于水位器。

3）焊（割）枪点火时，应先开氧气开关，后开乙炔气开关。

4）焊割中发生回火时，应立即关闭乙炔气、氧气开关。检查枪嘴，温度太高时，应放入冷水中冷却；堵塞时，可用通针疏通。

5）每个回火防止器，只能供一把焊（割）枪使用，泄压膜不能用其他薄片代替。

6）焊割各种容器、管道时，应留出气口；焊割曾装过易燃介质的容器、管道时，应在置换化验合格后，才能进行。

7）氧割时，应根据材料厚度，合理选择氧气压力、割嘴大小，且不得将被割件直接放在水泥地上。

8）氧气瓶、氧气管道、减压阀中不能有油脂。装减压阀时，人应站在侧面，打开减压阀的动作应缓慢。

9）使用乙炔钢瓶时，应严格遵守乙炔钢瓶的安全规定。

4. 实习后要求

1）关闭氧气瓶气源开关。对电石入水式发生器，应提起电石篮或关闭进水阀，使电石停止发气，然后关闭出气阀。

2）在严寒的冬季，室外乙炔发生器各罐体的水和电石渣应全部排出。

3）收好焊割用具，焊枪应挂在指定的地方。严禁将未卸下气源胶管的焊割枪放在工具柜等有限的空间内。

4）清扫整理实习现场，做好交班工作录。

（六）氧气瓶安全操作规程

1. 基本要求

1）氧气瓶搬运者、保管者、使用者须经安全知识、专业知识培训，考试合格后，才能上岗操作。

2）氧气瓶搬运者、保管者、使用者除遵守本规程外，也应遵守"焊工通用安全操作规程"的有关规定。

2. 运输要求

1）在运输氧气瓶前，要检查氧气瓶的瓶嘴阀门的安全胶圈是否齐全，氧气瓶的瓶身、瓶嘴是否沾有油类等。

2）装卸氧气瓶时，氧气瓶的瓶嘴阀门必须朝同一方向，防止互相撞击、损坏和爆炸。

3）在运输氧气瓶时，不准装运其他可燃气体。

4）在阳光下运输氧气瓶时，要用帆布遮盖上氧气瓶。

3. 实习前要求

1）在氧气瓶安装减压阀前，先将氧气瓶的瓶嘴阀门微开 1 ~ 2s，并检验氧气瓶装的氧气质量是否符合要求。符合要求后，才能使用。

2）氧气瓶在使用前，操作者必须站在氧气瓶的瓶嘴阀门的侧后方，打开氧气瓶的动作要轻缓。

4. 实习中要求

1）氧气瓶中的氧气不准用尽，应留有 0.1MPa 余压。

2）检查氧气瓶的瓶嘴阀门时，只准使用肥皂水对氧气瓶进行检验。

3）搬运氧气瓶时，要做到小心谨慎，轻搬轻放；作业现场搬运氧气瓶时，应用专用手推车运送，禁止用肩扛或横在地上滚动，远距离搬运时一定要盖好瓶帽。

4）安装氧气表时，要吹掉阀门开关上的灰尘，低压调节器应处于关闭状态；使用时，先开启高压开关，后缓慢地开启低压调节器，直至符合规定。

5）开关氧气瓶的阀门时，手和工具严禁沾有任何油污；安装氧气瓶的压力表时，压力表必须要保持准确、灵敏，绝对禁油。

6）冬季氧气瓶的阀门被冻结时，只能用蒸汽或热水对氧气瓶的阀门解冻，禁止用明火或敲击对氧气瓶的阀门解冻。

5. 实习后要求

1）先关闭高压开关，再关减压阀的阀门，收拾好工具。

2）打扫、清理实习现场，做好交接班工作。

3）氧气瓶的保管库房周围不允许存放易燃物品。

4)氧气瓶存入库房时,必须盖好瓶帽;氧气瓶的保管库房室内的温度不允许超过30℃,氧气瓶保管库房距离热源、明火必须在10m以外。

5)氧气瓶的减压阀、压力计、接头与导管等都要涂上标记。

6)氧气瓶不准改用充装其他气体。

(七)乙炔气瓶安全操作规程

1. 基本要求

1)乙炔气瓶搬运者、保管者、使用者须经安全知识、专业知识培训,考试合格后,才能上岗操作。

2)乙炔气瓶搬运者、保管者、使用者除遵守本规程外,也应遵守"焊工通用安全操作规程"的有关规定。

3)乙炔气瓶在使用、运输、贮存时,环境温度不得超过40℃;乙炔气瓶上的油漆色必须保持完好,不允许任意涂改。

2. 实习前要求

1)乙炔气瓶在使用前,必须安装专用减压器、回火防止器;在使用前,必须检查减压器、回火防止器是否好用,否则禁止使用乙炔气瓶。

2)乙炔气瓶在使用前,操作者必须站在乙炔气瓶阀门的侧后方,打开乙炔气瓶的动作要轻缓。

3. 实习中要求

1)使用乙炔气瓶的压力不允许超过0.05MPa,输气流量不允许超过$1.5 \sim 2.0 \mathrm{m}^3/\mathrm{h}$。

2)使用乙炔气瓶时,要注意固定好乙炔气瓶,防止乙炔气瓶倾倒;严禁将乙炔气瓶卧倒使用,对于已经卧倒的乙炔瓶,不允许直接开启使用,使用乙炔气瓶前,必须把乙炔气瓶直立起来,然后固定牢固,静止15min后,再接上减压器使用,否则容易出现危

险；禁止敲击，碰撞乙炔气瓶等粗暴行为。

3）乙炔气瓶不得靠近热源和电器设备，夏季一定要有遮阳措施，防止乙炔气瓶曝晒；乙炔气瓶与明火的距离要大于10m；高空作业时，垂直地面的平行距离要大于10m。

4）乙炔气瓶的阀门被冻结时，严禁使用火烘烤乙炔气瓶的阀门，可用10℃以下温水对乙炔气瓶的阀门进行解冻。

5）工作地点需要频繁移动时，应使用专用的手推车运输乙炔气瓶；使用汽车、手推车运输乙炔气瓶时，应轻装、轻卸，严禁抛、滑、滚、碰；在汽车装运时，应妥善固定乙炔气瓶，乙炔气瓶放置的头部应朝向同一个方向；乙炔气瓶的高度不允许超过被装车箱的高度；直立排放乙炔气瓶时，车箱高度不得低于瓶高的1/3；搬运时，应注意避免将乙炔瓶和氧气瓶放在一起；严禁将乙炔气瓶与氯气瓶、氧气瓶及易燃物品同车运输；装运乙炔气瓶的车辆禁止烟火。

6）严禁将铜、银、汞等及其制品与乙炔接触，与乙炔接触的铜合金器具含铜量须得高于70%。

7）乙炔气瓶内的气体不准用尽，应留有0.3MPa余压。

4. 实习后要求

1）关闭乙炔气瓶阀门，收拾好工具。

2）打扫、清理实习现场，做好交接班工作。

3）乙炔气瓶在使用现场或班组小库内储量不得超过5瓶，可与耐火等级不低于二级的厂房相邻建造，相邻的墙应是无门窗洞的防火墙，严禁任何管线穿过。

4）乙炔气瓶贮存时，要保持直立，并有防倒措施，严禁与氧气瓶氯气瓶及易燃品同向贮存，贮存乙炔气瓶的库房与明火和散放火地点距离不得小于10m，不应设在地下室或半地下室。

5）乙炔气瓶严禁放在通风不良及有放射线的场所；不得放在橡胶等绝缘体上；乙炔气瓶的库房或贮存间必须要有专人管理，必须要有消防器材，必须要有醒目的防火标志。

（八）轮胎工安全操作规程

1. 基本要求

1）须经安全知识、专业知识培训，考试合格后，才能上岗操作。

2）除遵守本规程外，还应遵守"机械加工通用安全操作规程"的有关规定。

2. 实习前要求

1）穿戴好劳动防护用品。

2）检查所用设备及工具是否完好，工作是否正常、是否安全可靠，拆胎螺母机等电源线是否绝缘性能良好。

3）清除轮胎拆装机上及附近妨碍工作的器具及杂物，消除一切不安全的因素。

3. 实习中要求

1）拆卸轮胎时，先必须将轮胎内的气体完全放尽，再去除钢圈上所有铅块。

2）拆胎前，将轮胎放到轮胎挤压位置，反复转动轮胎，并操作挤压臂使轮胎和钢圈彻底分离；在挤压过程中，禁止手、脚进入挤压臂内。

3）轮胎搬上拆装台时，应避免磕碰设备；踩下踏板锁住钢圈前，必须确认卡盘和钢圈之间没有异物；严禁使用手指去确认钢圈是否放正。

4）拆装轮胎前，应先使用毛刷在轮胎内圈涂上润滑液；禁止使用矿物油作润滑液。

5）拆装轮胎过程中，用撬棍将轮胎边挑到轮胎拆装头（鸟头）上时，应注意撬棍的用力方向和力度，绝不允许将手伸入撬开的缝隙中；轮胎边挑上轮

胎拆装头（鸟头）取出撬棍后，才能踩下踏板使卡盘旋转，将轮胎脱离出钢圈。

6）拆胎前，如果使用安全凳、三角木等将其固定，则必须将汽车放稳，不允许摇晃；严禁使用千斤顶代替安全凳进行工作。

7）拆胎时，一定要防止轮胎卡圈或撬棒弹出伤人的事故；使用螺母拆装机时，设备的旁边严禁站人。

8）拆卸轮胎时，应放出轮胎内的压缩空气；对于后轮是双轮胎应同时放气，轮辋上的限制器有严重磨损时，必须更换。

9）使用火补轮胎时，要选择专用地点进行补胎，并且补胎地点必须要远离一切可燃物品；补胎的温度和时间要按着火补轮胎的安全操作规定严格进行操作，以防止发生意外事故。

10）装轮胎时，应注意压箍卡圈和钢圈的规格、型号，并注意检查钢圈是否符合要求；装轮胎时，对于止口磨损过多（厚度小于10mm），且有裂纹、面变形的钢圈不能再装上使用。

11）装轮胎时，应检查隔圈、锁圈、轮辋、花楔，不得有裂纹、缺损、凹陷、变形等缺陷；应检查卡子是否符合要求，不准装上轮胎后再烧卡子，以免烧坏衬带和内胎；并将外胎内的砂子、污物去除干净，放入一定量的滑石粉；同时，应检查内胎是否漏气、气门嘴是否良好，禁止使用漏气及老化陈旧的内胎。

12）轮胎充气前，应首先确认轮胎气压表是否能正常工作；开始充气之前，必须检查卡圈、压箍机装配是否正确，确认无误后，按规定进行充气；充气时，操作者必须站在轮胎的侧面，轮胎的放置应稳定、可靠，不允许轮胎垂直于地面进行充气，防止轮胎倒下伤人；充气时，不允许一次性充足；一定要时

时注意观察压力表,以免轮胎过压造成人员伤害。

13) 滚动轮胎时,一定要扶稳,按规定的路线进行滚动,对于沿途有人时,一定要打招呼;放倒轮胎时,要确认周围无人时,才能放倒轮胎。

14) 使用空压机、扒胎机等专用设备,应严格按照其设备安全操作规程操作。

4. 实习后要求

1) 关闭气源、电源的开关,收拾好工具。

2) 打扫、清理实习现场,做好交接班工作。

(九) 涂装(油漆)工安全操作规程

1. 基本要求

1) 须经安全知识、专业知识培训,考试合格后,才能上岗操作。

2) 在喷漆房、漆料房内,各种电气设备应采用防火、防爆形式的设施;在喷漆房内的醒目处,必须张贴"严禁烟火"的标识或标牌;在喷漆房内,必须配备泡沫灭火器和消防设施,即有足够数量的灭火器、黄沙、石棉毡及其他防火器材,操作者必须掌握必要的灭火知识和技能。

2. 实习前要求

1) 穿戴好劳动防护用品。注意,必须要穿上防止静电产生的化学纤维质料的防护衣服、防护罩、手套、胶靴,如图 4-5 所示。

图4-5 涂装实习、工作时的防护

2) 检查所用设

备，空压机的储气筒、安全阀、压力表等是否完好；工作是否正常、是否安全可靠。

3）注意检查电源、电气开关，接地线应保持良好；起动风机，保持良好的工作环境。

3. 实习中要求

1）喷漆房内严禁点火、吸烟，不准带火柴、打火机和其他火种进入工作场所；喷漆时，附近不得有明火。

2）喷漆房内应通风良好；喷漆、调漆时，应先起动换气系统，当风正常后再起动喷枪进行作业，这样可以排除大部分漆雾和溶剂气体；停止作业时，操作顺序相反。

3）待喷漆汽车进入烤漆房前，应将汽车底盘各部分的泥土、灰尘冲洗、擦拭干净；严禁在喷漆房内清除灰尘。

4）在汽车上喷漆时，应特别注意汽车的稳定性，不允许随便使用铁桶或木箱代替脚手架进行操作。

5）在离地 3m 以上的高空作业时，应使用安全带，脚手架应安全、坚固；在梯子上操作时，梯子的竖立角度控制在 60℃ 左右，严禁站在梯子最高处进行作业。

6）油漆材料（油漆、汽油、香蕉水）都属于挥发性强、易燃品、易爆、危险性极强的材料，要适量领用，妥善保管；对于油漆材料的包装桶应随时盖紧、密封，并隔离火源，避免太阳暴晒；开桶时，严禁使用榔头、铁器进行敲击、冲击、摩擦等，以免产生火花，发生危险。

7）调漆时，绝对禁止任何火种接近。

8）溶剂溅入眼睛内应及时使用水进行冲洗，再使用眼药水，不要使用手揉眼睛。

9）使用喷灯烧旧漆或烘烤局部填密时，应遵守

防火措施,不得与喷漆同时进行,并且必须与易燃物保持10m以上的安全距离。汽车补漆、涂装流程工序图如图4-6所示。

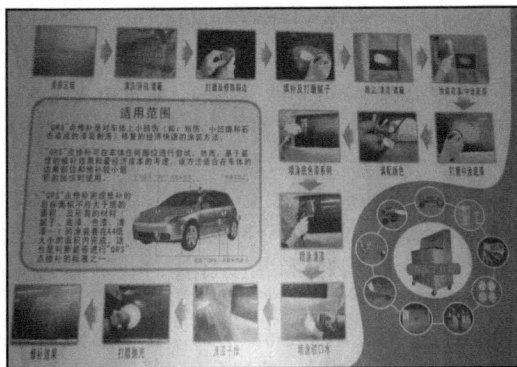

图4-6 汽车补漆、涂装流程工序图

10)浸、擦过油漆材料的破布、棉纱等,应放在指定的地点,不允许随便乱扔,更不允许长期堆放在工作场地的墙角处,必须对使用过的破布、棉纱定期进行清除,以防止发生自燃,造成火灾。

11)使用空压机或其他喷漆设备时,应严格执行空压机或其他设备的安全操作规程。

12)随时保持工作现场通道。

4. 实习后要求

1)先封闭漆桶、漆源,清理破布等,将多余的漆料交保管员统一保管,不得随手乱丢乱放,以免燃烧。

2)关闭气源、高压静电发生器电源开关,5min后再关闭抽风设备电源和总电源。

3)收拾好工具。在清洗喷枪及工具时,应尽量避免使用溶剂进行清洗,以免皮肤受到伤害。

4)打扫、清理实习现场,做好交接班工作。

5）结束后，应多喝开水，使用温水和肥皂洗手、洗脸；喷漆后，一定要进行淋浴；操作者的工作服不准穿离工作单位，以防污染。

6）定期清洗喷漆室，防止通道、烘道、挂具积漆。

（十）汽车维修电工安全操作规程

1. 基本要求

1）须经安全知识、专业知识培训，考试合格后，才能上岗操作。

2）除遵守本规程外，还要遵守国家"电工安全操作规程"及"维修电工安全操作规程"的有关规定。

2. 实习前要求

1）穿戴好劳动防护用品。

2）检查所用测量仪器、仪表、验电器等，做到定检合格，绝缘性能可靠、良好。

3. 实习中要求

1）工作范围包括：对企业、车间配电箱开关以及低压电气设备的进行检修；对有电气故障的设备进行修理；对所辖单位照明、用电器具、手持电动工具的检查与修理。

2）企业、车间内部电源的迁移，安装工作必须事先征得企业机动、电力部门同意或委托企业机动、电力部门负责进行。

3）严格执行临时线路管理制度，严禁乱接、乱拉临时线。如情况特殊须装接临时线时，必须先办理审批手续，并在规定使用期结束后及时拆除。

4）发现电源线路绝缘层损坏、电线脱落以及电气设备出故障时，要立即切断电源和采取其他相应安全措施。

5）检修线路故障时，应切断电源，拿下熔断

器,并在开关上悬挂"有人检修、严禁合闸"的警告标志。

6)修理设备或电器时,除切断设备总停开关外,并要拿下进线封闭式开关熔断器组或汇流条上分线盒的熔断器。修理完毕,关好电器箱盖,才能试车。

7)修理设备电气线路时,应弄清电气线路走向和电气原理,不能任意修改电气线路,不能使用不合格电气元件;使用的电线、电器元件耐压等级、容量大小和熔断器、继电保护等,须符合设计要求。

8)使用流动照明其电压不能大于36V,在潮湿地点和汽车内实习时,电压不能大于12V。

9)严格遵守安全操作规程,以确保安全;在汽车工作时,严禁吸烟;同时,所带的工具要注意放稳、放好,防止工具从汽车上掉下,发生事故。

10)装卸汽车发电机和起动机时,必须将汽车电源总开关断开后,进行维修;没有装电源开关的,卸下的电线接头应包扎好。

11)检查汽车发动机电路时,应特别注意汽车下面有无其他人正在作业;如果有人在作业时,就需要打招呼,使其停止作业,离开汽车后,再挂上空挡,拉上驻车制动,才能起动汽车发动机进行检查、作业;实习学生、不熟练的操作人员不允许起动汽车发动机。

12)对于汽车内电气线路的接头,必须接牢,再用绝缘胶布包扎到位;对于穿孔而过的电气线路一定要加装橡胶护套。

13)安装蓄电池时,应在蓄电池的底部垫上橡皮或胶料;蓄电池之间应使用木板隔开、塞紧,发现蓄电池架损坏时,应立即修理,不允许将就使用。

14)汽车上的发电机、起动机等设备需要使用汽油进行清洗时,必须使用无添加剂的工业洗涤汽油

进行清洗；在洗涤过程中，严禁吸烟，使用后的工业洗涤汽油必须进行集中处理。

15）使用手持电动工具时，要根据场所不同选取不同类别工具，分别采取低压、隔离变压器、双重绝缘、漏电保护及接地（零）等安全保护措施；电源线长度一般不得超过2m。

16）在易燃、易爆场所修理电气设备时，须遵守该场所的有关规定，不能有电气火花和其他金属撞击火花出现。如需动火，必须办理审批手续。

17）高处实习、作业时，必须要使用安全带；使用直梯时，一定要有防滑装置，梯子水平夹角不能大于70°、小于60°，并要有专人扶梯。人字梯要有防散开绳牵缆。工具、材料须用工具袋装好，用绳索传送，不准用抛掷方法传递工具、材料；高处实习作业时，必须要两人以上进行；电气开关远离作业点时，须有专人负责监护；两人以上操作应注意相互配合，试车通电前，应互相打招呼。

18）充电房的位置必须选择在远离油漆、油料等危险品库房及电焊点、气焊点，以防止发生危险；充电使用的硫酸浓液一定要严格妥善地保管，防止硫酸浓液倒出时，飞溅伤人。

19）充电时，必须将蓄电池盖打开；同时，充电房应打开窗户，保证空气流通，防止氧氢混合气体爆炸；充电房内，严禁吸烟；充电的电液温度不允许超过45℃。

20）检测蓄电池电压时，必须使用防电叉进行测量，严禁使用手钳或其他金属进行短路实验，以防止蓄电池发生爆炸事故。

21）配制电解液时，应先穿好胶鞋、戴上橡胶手套，戴好防护眼镜；再将硫酸轻轻地加入蒸馏水中；同时，必须使用玻璃棒不断地对电解液进行搅拌，以达到散热的目的；严禁将水直接注入硫酸内，以防止

发生意外事故。

22)蓄电池接头、导线夹应装夹牢固、可靠,不允许使用铁丝替代。

4. 实习后要求

1)关闭气源、电源开关,收拾好工具,防止工具、材料遗留在汽车上。

2)打扫、清理实习现场,做好交接班工作。

(十一)汽车空调维修工安全操作规程

1. 基本要求

1)须经安全知识、专业知识培训,考试合格后,才能上岗操作。

2)除遵守本规程外,还要遵守"汽车维修电工安全操作规程"的有关规定。

2. 实习前要求

1)穿戴好劳动防护用品。

2)检查所用测量仪器、仪表、验电器等,做到定检合格,绝缘性能可靠。

3. 实习中要求

1)检修空调时,要严格按照空调手册和说明书上的规定进行,严禁违反操作规程进行测试;禁止使用汽油清洗压缩机和空调部件,防止发生意外事故。

2)进行空调系统作业时,应在通风良好处进行;添加制冷剂时,要按照说明书的要求,严格区分种类进行添加,严禁违反规定混合使用;排放制冷剂时,应缓慢排放,防止压缩机油一起流出;同时,制冷剂不能与烟火或灼热的金属接触,否则,制冷剂就会分解成变成有毒气体。

3)添加制冷剂时,必须佩戴防护眼镜,防止制冷剂溅入眼内或溅到皮肤,造成冻伤。

4）正确使用各种设备和工具，并严格遵守各种设备的安全操作规程。

4. 实习后要求

1）关闭气源、电源开关，收拾好工具。

2）打扫、清理实习现场，做好交接班工作。

（十二）汽车美容工安全操作规程

1. 基本要求

1）须经安全知识、专业知识培训，考试合格后，才能上岗操作。

2）除遵守本规程外，还应遵守"机械加工通用安全操作规程"的有关规定；作业现场应该配备有消防设施、消防管道，并要有充足的水源和电源，确保操作安全。

2. 实习前要求

1）穿戴好劳动防护用品，进行安全教育。

2）清洗设备在实习前，应该进行试运转 3min，等待清洗设备工作正常后，才能进行工作（见图 4-7）。

图 4-7　擦洗汽车

3. 实习中要求

1）严格遵守设备的安全操作规程，文明操作。

2）实习现场必须有良好的通风条件；如果在室内进行喷涂施工，一定要具备良好的通风设备或通风装置。

3）在打磨的工作中，应注意汽车表面有没有突出的毛刺，以防划伤操作者的手指。

4）在接触酸、碱溶液时，操作者除了穿好工作服外，还应该穿上胶鞋、戴上防腐蚀手套；必要时，应该戴上防毒口罩。

5）登高工作时，所踏上的工作凳子一定要牢固，并放置要平稳，不允许有任何晃动；暑天严禁操作者穿拖鞋进行工作、登高工作。

6）工作现场必须整洁有序，严禁烟火（见图4-8）。

7）使用抛光机等漆面处理工具时，应遵守抛光机的安全操作规程。

8）风动、电动工具在转动中不允许随便放置；需要放置时，应先关闭电源，等待风动、电动工具停稳后，再找平地或者工作台放下。

图4-8　汽车美容物品

9）工作时，排放的清洗废液应按国家环境保护法的要求进行排放，不允许随时、随地进行乱排放。

10）工作时，要注意安全用电；电动、风动工具和电气设备的地线必须接地、接牢，防止漏电；使用电气设备时，不允许使用湿手和湿物去接触电动、风动工具和设备的电气开关。

11）设备、电动工具、风动工具等电气设备在使用中，如果发现出现火花、异响、过热、冒烟或转数

不对等现象，则应立即停止使用，交给维修电工修复后，再继续使用。

12）实习场地的易燃品、棉纱等物品不允许随便放置、堆放，应随时清除、隔离，并集中处理、销毁。

4. 实习后要求

1）关闭气源、电源开关，收拾好工具。

2）擦洗设备、工具，打扫、清理工作现场，做好交接班工作。

（十三）机械加工通用安全操作规程

1. 基本要求

1）从事机械加工各职业（工种）的实习学生，必须经过安全知识和本职业（工种）专业知识培训、考试合格后，才能上岗操作。

2）实习前，按规定穿戴好劳动防护用品，扎紧袖口和衣襟，女生应戴工作帽（留有超过颈根以下的长发，必须将长发盘好戴在帽子内）；操作机床时，不准戴手套，不准系围巾、袖套、围裙，高速切割要戴好防护眼镜。

3）工具、夹具、原材料、工件、运输小车、工件箱、工具箱等现场物品，应严格按定置管理要求分类存放，随时保持实习现场通道畅通；实习现场严禁吸烟、吃东西。

2. 实习前要求

1）检查机床设备的各种安全防护、保险、联锁、信号显示、制动装置；行程控制装置、操纵机械和离合器，必须安装正确、性能良好，确认其动作可靠，否则不准开动设备。

2）检查设备电气线路、开关、插头等电器装置，应完好无损，并安装合格；不准乱拉、乱接临时线。

3）机床设备必须有可靠的接零或接地，机床局部照明应采用36V以下的安全电压。

4）机床开动前要观察设备周围是否存在不安全因素。机床开动后，操作者应站在安全位置上，以避开机床运转的工作位置和切屑飞溅。

5）加工前，按润滑图表的规定加注润滑油，低速、空载运转机床，确认机床无故障后，方能正式开始实习。

3. 实习中要求

1）操作者必须站在木质脚踏板上操作，脚踏板必须保持干燥。

2）拆装、搬运笨重的工具、夹具或工件时，必须使用起重机械，应遵守"起重作业安全操作规程"的有关规定。

3）用锉刀打磨工件时，锉刀应装有木柄。使用标准扳手的开口必须与螺母尺寸吻合，不准使用加长扳手。

4）车刀、镗刀、刨刀、钻头等应刃磨合格；铣刀、拉刀、制齿刀等成形刀具应有检验合格证，所有刀具均应安装牢靠。

5）砂轮应有出厂合格证，直径大于或等于200mm的砂轮应进行静平衡；安装时，应注意均匀压紧。

6）各种材质、形状的工件应选用不同的装夹形式，不论采用何种装夹形式，工件均应夹紧固牢；应适当选用装夹所用的垫片、垫圈、垫块材料，不准使用淬火材料。

7）机床运转时，严禁测量、敲击工件，不准用手触摸旋转工件。严禁隔着机床运转部分传递或拿工具等。

8）严禁手持砂布直接打磨形状不规则、开槽旋转工件的内孔、外圆。

9）不准用手直接清除切屑；清除切屑时，必须使用钩子、刷子或专用工具。

10）使用的工具、量具、刃具和加工的工件，不准放在机床的旋转件、移动件和床面上。

11）配换齿轮、调整机床、更换工具和夹具必须在停机后进行。

12）不准擅自拆卸机床上的安全防护装置和保险装置。

13）凡两人或两人以上在同一台机床上实习或工作时，必须有一人负责安全、统一指挥，防止事故发生。

14）机床出现电气故障时，应由维修电工进行修理，机床操作人员不准擅自拆装。

15）发生人身、设备事故时，应立即停机，抢救伤员，保护现场并及时报告有关人员。

4. 实习后要求

1）把各种进给、离合器手柄放置在中间位置，停机，关闭机床气源、电源开关。

2）按机床一级保养要求保养机床，清扫、整理实习现场，做好交班工作。

（十四）砂轮机安全操作规程

1. 基本要求

1）须经安全知识、专业知识培训，考核合格后，才能上岗操作。

2）除遵守本规程外，还应遵守"机械加工通用安全操作规程"的有关规定。

2. 实习前要求

1）穿戴好劳动防护用品。

2）检查砂轮机防护罩、托架、接地、照明装置，确保其齐全、完好。

3）起动抽风装置。

3. 实习中要求

1)更换砂轮时,应检查砂轮,严禁使用有裂纹等缺陷的砂轮,砂轮必须有合格证,并应经过超速试验,砂轮使用的最高工作速度不准超过砂轮上标定的速度。

2)砂轮两边应垫上合格的软垫片,砂轮夹板直径应大于砂轮直径的1/3;紧固砂轮时,锁紧力应合适。

3)砂轮机应安装坚固的防护罩。新砂轮磨削前,应试运转 3~5min;试运转时,操作者应站在砂轮机侧面。

4)砂轮机的托架应可调,托架与砂轮之间最大间隙不得超过 3mm;调整托架,应在砂轮停止旋转后进行,托架调整后,应紧固。

5)砂轮磨损尺寸超过极限后,应及时更换;更换的砂轮种类,应符合被磨削工件的材质要求。不准在磨削钢铁材料(黑色金属)的砂轮上,磨削非铁金属(有色金属)等软质材料的工件。

6)禁止在砂轮上磨削过重、过大、过长的工件,以防止握持不稳,导致砂轮破碎。弯曲较大的工件应校正后,才能磨削。

7)磨削时,实习学生应站在砂轮侧面,工件应拿稳,工件不得在砂轮上跳动。

8)一个砂轮上不得同时有两个人进行磨削。

4. 实习后要求

1)关闭砂轮机、抽风机的电源。

2)清扫、整理实习现场,做好交班工作。

(十五)车削安全操作规程

1. 基本要求

1)须经安全知识、专业知识培训,考试合格后,才能上岗操作。

2）除遵守本规定规程外，还应遵守"机械加工通用安全操作规程"的有关规定。

2. 实习前要求

1）检查车床的各种安全防护装置，并确保齐全，如：交换齿轮箱、配电箱门和盖应关牢，盖好（见图4-9）。

图4-9　车床

2）低速、空载运转车床，检查车床的运转情况；离合器应动作正确，且定位可靠；车床制动装置应有效；电气应急或总停按钮应可靠；车床润滑油路应畅通，并按车床润滑图表的规定加注润滑油、脂。

3）卡盘、花盘的保险螺钉应牢固；圆锥轴卡盘、专用夹具须用拉杆拉紧。

3. 实习中要求

1）工件应夹紧、顶牢；机床开动时，操作者不准站在卡盘侧面，防止危险发生（见图4-10）。

2）加工过程中，不准用手清除切屑；用锉刀在卧式车床上修工件时，必须右

图4-10　车削外圆

手在前，左手在后，身体离开卡盘。

3）加工细长工件时，必须使用顶尖跟刀架或中心架。

4）加工长料时，料从主轴尾端伸出的长度不得大于200mm；超出时，必须加装托架，必要时要装设防护装置或套管支架。

5）加工畸形或偏心工件时，必须加平衡铁配重，并压牢紧固，转速要适当，先缓慢运转，然后调到需要转速；制动停机不要过猛。

6）高速切削及加工铸件时，要戴防护眼镜或加设防护罩、网。

7）严禁手缠砂布或棉纱砂光、擦拭旋转的工件，禁止用砂布裹在工件上砂光；砂光工件的内孔时，必须用合格的木棒缠砂布进行。

8）加工钢质工件时，宜采用断屑效果较好的车刀，并且采用辅助工具清除切屑。

9）装夹和测量工件、调整车床、更换交换齿轮箱齿轮、更换车刀必须在停机后进行，并将刀架移至安全处。

10）工件夹紧或卸下后，卡盘扳手要及时取下。须将找正工件所用的垫板、表座拆除后，才能开机。

11）攻螺纹或套螺纹必须用专用工具，不准一只手按攻丝架（或板牙架），另一只手开机。

12）切大料时，应留有足够余量，以免切断时料掉下伤人。小料切断时，不准用手接。

13）用顶尖顶重工件时，尾座套筒伸出量不得超过全部伸出量的1/3，一般工件尾座套筒伸出量则不得超过1/2。

14）手工添加切削液时，需用毛笔；用切削液泵加注切削液时，应有防护挡板，防止污染地面。

15）自动进给加工长工件时，应思想集中，不能

擅离车床。

16）车床发生故障时，应请机修钳工或维修电工修理。

4. 实习后要求

1）停机、关闭车床电源，将床鞍退回到车床尾部，擦拭、保养车床。

2）清扫、整理实习现场，做好交班工作。

（十六）钳工安全操作规程

1. 基本要求

1）须经安全知识、专业知识培训，考试合格后，才能上岗操作。

2）使用钻床时，应遵守"钻工安全操作规程"的有关规定。

2. 实习前要求

1）穿戴好劳动防护用品。

2）检查当班必须使用的手动工具、机械设备，确保完好。

3）清理现场杂物，保持良好的实习环境。

3. 实习中要求

1）使用钻床时，不准戴手套；工件钻孔时，要用夹具夹牢；不准手持工件进行钻孔。

2）使用手持砂轮机时，应戴防护眼镜，砂轮正面不得站人。

3）使用手持电动工具时，应根据实习场所不同，采用不同种类的电动工具和辅助绝缘工具。无论使用哪种电动工具，都应由维修电工接线试验确保安全后，才能使用。

4）如缺少相应的辅助绝缘，则应采取其他防止触电措施，如：穿戴好绝缘鞋、手套，在进线中装上触电保护器，以及人员严格监护等。

5) 使用起重机械及钢丝绳等吊具时，应严格遵守"起重作业安全操作规程"的有关规定。

6) 台虎钳应牢固地装在钳工台上；夹持较长工件时，没有夹持的一端必须用支架支牢。夹紧工件时，不得敲打台虎钳手柄。

7) 不得使用无木柄或木柄松动的锉刀；锉刀不允许作锤子或撬棍使用，锉屑不可用嘴吹或用手擦，而必须用刷子清除。

8) 锤子的木柄应坚实无裂纹，钢质锤子淬火不能太硬 (30~50HRC)；锤子卷边、起毛刺时，应打磨掉再使用；木柄锤子应装牢固。

9) 錾子尾端不能太硬（錾子不能用整体淬火材料制作），錾子尾端出现飞边、毛刺时，应修磨后使用。

10) 使用錾子錾削工件时，禁止对面站人；如对面有人操作，应在前方装设屏障或挡板。

11) 使用刮刀时，不可用力过猛，姿势应得当，防止失去重心后碰伤；使用三角刮刀时，不可用手拿工件直接刮削。

12) 螺钉旋具口应刃磨得当，不得将螺钉预紧力很大的工件拿在手上用螺钉旋具松紧螺钉，以防打滑，戳伤手指。

13) 使用钢锯锯削工件时，必须把工件夹紧；锯条安装应松紧适中，当工件快锯断时，不可用力过大，并防止没有被夹持端的工件掉下打伤操作者的足部。

14) 所使用扳手的开口应和螺母尺寸大小相符，不允许使用加长扳手。使用扳手时，必须注意可能碰到的障碍物，防止碰伤操作者的手部。

4. 实习后要求

1) 认真维护所用机械设备，关闭设备电源。

2) 清扫、整理实习现场，做好交班工作。

五、汽车维修主要设备的操作规程

（一）轮胎动平衡机安全操作规程

1. 基本要求

1）须经安全知识、专业知识培训，考试合格后，才能上岗操作。

2）除遵守本规程外，还应遵守"机械加工通用安全操作规程"的有关规定。

2. 实习前要求

1）穿戴好劳动防护用品。

2）检查轮胎动平衡机（见图 5-1）的机械、电气安全装置，必须齐全、完好。

3）按设备润滑规定，给轮胎动平衡机加注润滑油。

4）起动设备后，要空转 5min 以上，检查设备的运载情况，

图 5-1　轮胎动平衡机

确认设备无故障后，才能开始工作。

5）清除、清洗轮胎上的泥土、杂物等，恢复轮胎原样。

6）清洁轮胎动平衡机的主轴和车轮总成的锁紧锥套。

3. 实习中要求

1) 先取掉车轮轮辋上旧平衡块。

2) 安装车轮时,要严格按规定程序进行操作,一定要注意保护匹配器及轴部;装卸车轮时,一定要轻拿轻放;先将弹簧和选择好的与被平衡车轮钢圈内孔相对的锥体装到匹配器上,再将车轮装到锥体上,装好后盖,然后再用快速螺母将其锁紧;轮胎固定、安装、装夹必须做到牢固、可靠。

3) 认真、准确地测量、输入轮胎的数据。

4) 工作中,禁止使用手触摸旋转的轮胎。

5) 校正面定标后,找出不平衡量及位置,合理加放平衡块。

6) 工作中,主轴或轮胎动平衡机本体发生强烈振动时,应立即停机,通知机修钳工和维修电工进行维修,故障排除后,才能再继续进行工作。

7) 严禁重物敲击轮胎动平衡机的任何部位。

8) 严禁超负荷的轮胎在轮胎动平衡机上作动平衡调试。

4. 实习后要求

1) 关闭设备的电源开关,收拾、擦拭好工具、量具。

2) 擦拭、保养设备,清扫实习现场,做好交接班工作。

(二)汽车曲轴动平衡机安全操作规程

1. 基本要求

1) 须经安全知识、专业知识培训,考试合格后,才能上岗操作。

2) 除遵守本规程外,还应遵守"机械加工通用安全操作规程"的有关规定。

2. 实习前要求

1）穿戴好劳动防护用品。

2）检查汽车曲轴动平衡机的机械、电气安全装置，必须齐全、完好。

3）按设备润滑规定，给汽车曲轴动平衡机加注润滑油。

4）起动汽车曲轴动平衡机后，要空转 15min 以上，检查汽车曲轴动平衡机的运转情况，校核各电表的零位，确认汽车曲轴动平衡机、电表无故障后，才能开始工作。

3. 实习中要求

1）汽车曲轴应轻拿轻放，严禁剧烈撞击。

2）汽车曲轴要平稳地放在机床架上，夹持牢固，擦净油污。

3）只有在联轴节完全伸出车头，并与汽车曲轴连接好后，才可能起动汽车曲轴动平衡机。

4）平衡块要紧固牢靠，不能有任何松动的现象；要有防止汽车曲轴跑出的保险安全装置；运转时，操作者必须要站在侧面，不允许接触任何转动部分。

5）停机时，不允许使用手直接接触汽车曲轴制动；测量和加平衡块时，必须等待汽车曲轴动平衡机转动完全停止后，才能进行；要防止曲轴出现刮碰；机架上，禁止放置任何工具及其他杂物。

6）严禁使用重物敲击汽车曲轴动平衡机的任何部位。

7）工作中，汽车动平衡机应处于安静环境，周围应避免可能影响校验工作的振源。

8）工作中，设备发生异常时，则应立即停机，通知机修钳工和维修电工进行维修，故障排除后，才能再继续进行工作。

4. 实习后要求

1) 关闭汽车曲轴动平衡机的电源开关,收拾、擦拭好工具。

2) 擦拭、保养汽车曲轴动平衡机,给汽车曲轴动平衡机罩上防尘罩,清扫实习现场,做好交接班工作。

3) 汽车曲轴动平衡机的电气箱应避免振动,防止受潮,干燥剂失效后,应及时更换。

(三) 剪板机安全操作规程

1. 基本要求

1) 须经安全知识、专业知识培训,考试合格后,才能上岗操作。

2) 除遵守本规程外,还应遵守"机械加工通用安全操作规程"的有关规定。

2. 实习前要求

1) 检查剪板机(见图 5-2)各部分,确保完好,安全运行。

图 5-2　剪板机

2) 检查剪刀刀刃有无障碍,防止剪板机突然起动,损伤刀口。

3) 按规定加注润滑油,低速、运转剪板机,空载试运转正常后,才能开始剪切。

3. 实习中要求

1）严禁操作者戴手套工作。

2）严禁剪切超厚度、超硬度、淬火的板料或板材，避免损坏机床和刀口。

3）剪切狭长板料时，需将材料放在机床两边靠尺挡板处进行剪切，以免在中间突然受力使工件断裂。

4）刀片、刀口有滞钝或局部缺口等现象时，应立即换上备用刀片，严禁勉强使用，以免影响剪切质量和损坏刀片。

5）两人操作时，要特别注意双方的协调，严防误碰剪刀刃口，而发生事故。

6）工作时，注意力要特别集中，严禁与人交谈，避免出现误操作。

7）剪切时，严禁手指靠近刀口及工作危险区，手指距离刀口的距离至少应保持在100mm以上。

8）在测量剪切板材的长度时，严禁把手伸到切刀的刀口下，以防切刀落下而发生事故。

9）工作中，如果发生不正常的响声，则应立即停机，并报告机修钳工或维修电工，排除故障后，才能开机使用。

10）刀口间隙的调整，可按表5-1调整。

表 5-1　板厚与刀口间隙

板厚/mm	刀口间隙/mm
1	0.05
2	0.10
3	0.15
4	0.20
5	0.25
6	0.30
7	0.35

4. 实习后要求

1）清理工作台，停机并断电。

2）擦拭、保养剪板机，清扫、整理实习现场，做好交班工作。

（四）折边机安全操作规程

1. 基本要求

1）须经安全知识、专业知识培训，考试合格后，才能上岗操作。

2）除遵守本规程外，还应遵守"机械加工通用安全操作规程"的有关规定。

2. 实习前要求

1）清理、整理实习场地，确保实习现场干净、整洁和规范。

2）检查折边机各部分，确保完好，安全运行。

3）加注润滑油，开空车运转 3min，机床正常后，才能使用。

3. 实习中要求

1）机床起动后，等运行速度正常时才能开始工作，并要特别注意观察机床周围有关人员的情况，以防伤害到他人。

2）根据图样和工艺要求，合理调整挡块的位置、折边梁的间隙及折边的旋转角度。

3）严禁超规定、超规格使用本设备；严禁其他人员擅自操作本设备。

4）上、下模具的前后距离要校正合适，并保持一定的行程量，防止上、下模具出现咬死情况。

5）严禁把工具、手指伸进上、下模具之间。

6）多人操作时，必须要有一人进行指挥；工件翻转或进出时，两侧操作者必须行动一致，以防发生事故。

7）操作过程中若发现异常现象，应立即停机，并报告机修钳工或维修电工，排除故障后，才能开机使用。

4. 实习后要求

1）清理工作台，停机并断电。

2）擦拭、保养折边机，清扫、整理实习现场，做好交班工作。

（五）充电机安全操作规程

1. 基本要求

1）须经安全知识、专业知识培训，考试合格后，才能上岗操作。

2）除遵守本规程外，还应遵守国家"电业安全操作规程"的有关规定。

3）充电机必须接地良好；充电机必须放置在通风、干燥的地方，与易燃、易爆物品的距离应大于20m；充电场所，严禁烟火。

2. 实习前要求

1）清理、整理实习场地，确保实习现场干净、整洁和规范。

2）检查一切防护装置和安全附件，确保完好，电压表、电流表的指针都应处在零位刻度线上；各指示表、指示灯反应灵敏，示值正确。

3）充电前，应仔细检查，蓄电池电解液的液位、温度是否合适密度、连接线以及充电机的接地线是否正确良好，输电线路与充电机体外部有无漏电现象。

3. 实习中要求

1）充电前，应打开蓄电池加液盖，及时补充电解液或蒸馏水，要求电解液液面必须高出极板 10 ~ 15mm；充电时，必须打开蓄电池加液盖，避免因充

电时液体蒸发而膨胀造成蓄电池的损坏。

2)充电前,应确保红色线夹、黑色线夹没有接触在一起时,才能开始充电;在充电过程中,充电机的直流输出端和连接导线不允许短路或碰线,否则就会导致充电机的硅元件或熔断器烧坏。

3)充电机在使用中,如果发现有漏电现象,应及时切断电源,由维修电工排除故障后才能使用。

4)熔断器烧坏后,必须换上相同型号、相同规格的熔断器。

5)充电机在工作时,不允许进行汽车的任何修理工作。

6)充电机在工作时,如果出现任何异常情况,不正常的响声、不正常的气味、振动或其他故障,则应立即停止充电机的工作,由维修电工进行检查和修理,直到充电机的故障全部被排除,设备恢复正常后,才能继续进行充电。

7)充电过程中,必须有专人看管,经常查看充电情况及电解液温度的变化,并及时调整充电的电流值。

8)充电场所通风良好,严禁烟火。

9)停止充电时,必须先切断电源,然后再拆除充电的电源线,并将蓄电池盖盖好。

10)在充电过程中,需要增加或减少蓄电池数量时,应按停止充电的程序后进行。

11)在充电过程中,如果交流电源突然中断,应及时按下停止充电开关,停止充电,等待交流电源恢复后,再按充电程序进行充电。

4. 实习后要求

1)清理工作台,停机并断电。

2)擦拭、保养充电机,清扫、整理实习现场,做好交班工作。

（六）空压机安全操作规程

1. 基本要求

1）须经安全知识、专业知识培训，考试合格后，才能上岗操作。

2）除遵守本规程外，还应遵守"机械加工通用安全操作规程"的有关规定。

2. 实习前要求

1）清理、整理实习场地，确保实习现场干净、整洁和规范。

2）开动空压机前，需加润滑油至油面标尺的位置，应正确选择润滑油，润滑油牌号应符合规定的要求：空压机的机匣冬季应加注 $30^{\#}$ 机油（夏天 $50^{\#}$）、空压机的气缸冬季应加注 $13^{\#}$（夏天 $19^{\#}$）压缩机油；一般空压机在使用 300h 后，必须更换新润滑油。检查空压机的运转方向必须和皮带防护罩上箭头指示的方向一致，空压机的电动机是不允许反转的；然后用手转动带轮，看空压机转动有无障碍，如果正常，即可接通电源，起动设备，并使空压机的旋转方向与箭头所示方向相同；空运转 30min 后无故障，即可逐渐升高压力到额定值，在全负荷运转中，检查空压机是否正常，如果出现温升（最高可达 180℃）、漏气、漏油及压力变动等情况，可检查安全阀及压力调节阀，待一切正常后，才能正式使用。

3）各种安全防护设置到位，检查安全阀、压力表、温度计必须灵敏、可靠，并在校验期内，空气过滤器、消音装置应清洁、完好。

3. 实习中要求

1）空压机在运行中，应勤巡视、勤检查，发现声音异常，油压、电压表、电流表指示超过或没有达到规定值，安全阀失灵，空压机温度突然升高或降低，电动机或电气设备出现异常时，应立即停机进行

检查。

2）空压机的使用压力不允许高于空压机的额定工作压力。

3）压力自动控制系统应正常，超过压力应自动停止运转，低于一定值时，空压机应自动起动。

4）如果用于喷漆或灰尘较多的工作时，应对空压机采取相应的防尘措施，并与喷涂场地保持相应的距离。

5）在移动移动式空压机时，要注意检查移动式空压机下面的滚动装置是否完好、牢固；移动移动式空压机的速度不能太快。

6）冷却水应畅通、均匀、无间歇、无气泡，水温不超过40℃。

4. 实习后要求

1）清理工作场地，停机并断电。

2）擦拭、保养空压机，清扫、整理实习现场，做好交班工作。

3）每16h，将储气罐下面放水阀门打开，将水放尽；空气滤清器，在正常使用情况下，250h应清洗一次；安全阀工作的可靠性，必须每季检查一次；储气罐每年清洗和检查一次；在寒冬里，空压机停机不用时，应放尽空压机机体里面的冷却水，防止冷却水冻坏空压机的机体。

（七）汽车举升机安全操作规程

1. 基本要求

1）须经安全知识、专业知识培训，考试合格后，才能上岗操作。

2）除遵守本规程外，还应遵守"机械加工通用安全操作规程"的有关规定。

2. 实习前要求

1）清理、整理实习场地，清除一切妨碍工作的

器具及杂物，确保实习现场干净、整洁和规范。

2）开动汽车举升机前，检查操纵手柄、安全保险装置等是否正常；操作机构是否灵敏有效，液压系统不允许有爬行现象。

3. 实习中要求

1）汽车进、出汽车举升机时，汽车驶入、驶出举升机的前方必须没有人、物的障碍（见图5-3）。

图5-3　汽车在举升机上

2）待汽车驶入后（见图5-4），应将汽车举升机的支撑架块调整到可承受力的部位，即汽车停车位置的重心应尽量与汽车举升机的中心相重合，以防止偏重；支撑时，应确保汽车平衡稳定后，才能按动汽车举升机的上升按钮。

3）汽车举升机应由一个人进行操作，升、降前都应向在场人员发出信号；升举时，操作者必须离开车辆；操作时，举升要稳，降落要慢，即应缓慢地将汽车上升到工作高度。

图 5-4 汽车举升机的使用告示牌

4)检查支撑及整车稳定情况,如果没有异常情况,才能继续上升到所需的高度,再复检一次无误,对于液压式汽车举升机则需要合上机械保险装置后,才能进行修理工作。

5)汽车举升机工作时,严禁超载,倾覆力矩不得超过规定。

6)除小修项目外,其他繁琐、笨重的修理工作,不允许在汽车举升机上进行修理;汽车举升机不允许频繁起落。

7)工作中,如果发现汽车举升机操作机构不灵敏,电动机不同步,托架不平或液压部分漏油等异常情况,应立即停机,及时报告;由机修钳工或维修电工进行修理,修理好后再使用,绝对不允许汽车举升机带故障工作。

4. 实习后要求

1)清理实习场地,汽车举升机的举升臂归位,做好机械传动部位的润滑工作,停机、断电。

2）擦拭、保养汽车举升机，清扫、整理实习现场，做好交班工作。

（八）汽车四轮定位仪安全操作规程

1. 基本要求

1）须经安全知识、专业知识培训，考试合格后，才能上岗操作。

2）除遵守本规程外，还应遵守"汽车举升机安全操作规程"的有关规定。

2. 实习前要求

1）清理、整理实习场地，清除一切妨碍工作的器具及杂物，确保实习现场干净、整洁和规范。

2）开动汽车四轮定位仪前，检查操作机构、仪器、仪表是否灵敏有效。

3）检查汽车悬挂装置、车轮轴承、转向系统等的间隙是否已经调整到位。

3. 实习中要求

1）将汽车驶入四柱举升机上，并等待汽车停稳，使汽车本身的中心与四柱举升机和转盘中心相重合，自对中标尺必须与车身垂直、中心重合。

2）四轮定位仪是采用光学成像原理进行测试，所以应避免传感器之间有物体挡住光线，即不能在有阳光直接照射探测杆的情况下进行测试，检测现场的地面不能产生反光。

3）四轮定位仪的探测杆属于精密测试设备，其加长杆必须要保持在水平状态，测桥也必须保持水平状态，即左、右轮的高度必须等高，必须测量同轴度；注意四轮定位仪不允许摆放在振动物体上或倾斜放置；四轮定位仪工作时，应避免日光直射或在潮湿场所工作；在使用过程中，搬运四轮定位仪时，要注意轻拿、轻放，如果在搬运中不注意保护四轮定位仪，这种精密仪器一旦受到损伤，则会影响到设备的

正常使用;要注意避免将清洗剂喷射到四轮定位仪的表面上,以免清洗剂进入到四轮定位仪的控制系统中,而使设备受到永久性的损害。

4)应该严格按照汽车四轮定位仪显示的操作步骤进行操作,不允许省略。

5)对于已经检测出不符合规定要求的项目,应逐项进行调整,关于各种汽车定位参数的调整方法应按照各类车型"维修手册"的要求去调整,除非原车型不能调整的项目外。

6)定位结果必须保存和打印。

4. 实习后要求

1)清理实习场地,停机并断电。

2)擦拭、保养汽车四轮定位仪,清扫、整理实习现场,做好交班工作。

(九)汽车电脑(ECU)故障诊断仪安全操作规程

1. 基本要求

1)须经安全知识、专业知识培训,考试合格后,才能上岗操作。

2)除遵守本规程外,还要遵守"汽车电工安全操作规程"的有关规定。

2. 实习前要求

1)穿戴好劳动防护用品。

2)检查所用汽车电脑(ECU)故障诊断仪、万用表、验电器等,注意在工作中必须使用高阻抗的万用表,做到定检合格,绝缘可靠。

3)工作前,应正确选择好检测适配接头,这是因为各种车型的检查连接器所提供的电源形式是不相同的:既有需要接外接电源,又有不需要接外接电源;要避免因为选择接头不当,而导致烧坏汽车电脑(ECU)故障诊断仪。

4）工作前，应先将测试卡插入仪器主机的测试卡接口，然后再接通电源。

3. 实习中要求

1）关闭汽车上所有的附属电器设备（空调、前照灯、音响等）。

2）诊断仪器的额定电压为12V，诊断时汽车上蓄电池的电压应为11～14V；蓄电池正、负极性不允许接错，而且负极必须接地。

3）发动机的节气门应处于关闭状态。

4）接通电源，汽车电脑（ECU）故障诊断仪。屏幕会闪烁。如果汽车电脑（ECU）故障诊断仪的程序未运行或出现乱码现象时，可拔下汽车电脑（ECU）故障诊断仪的数据线，并重新连接一次，即可继续操作。

5）汽车电脑（ECU）故障诊断仪诊断的××车型识别时，首先选择要诊断的汽车类型系统后，按Y键给予确认；根据汽车电脑故障诊断仪（ECU）解码器的提问，转动滚轮选择正确的车型识别特征码（VIN），再按Y键确认；选择要检测的组件，汽车诊断仪器（ECU）解码器将显示主菜单；转动滚轮，在主菜单中选择所需要的检测功能，按Y键确认；按照需要和汽车电脑故障诊断仪（ECU）解码器的提示进行检测操作，根据检测的结果可以判断和排除其故障。

6）测试接头和诊断插座应接触良好，以保证诊断信号的传输中途不会出现中断或掉线。

7）严禁在发动机高速运转时，将蓄电池从电路中断开，以防产生瞬变过电压将ECU和传感器损坏；当发动机出现故障时，"检查发动机"警示灯（"CHECK"或"ENGINE"）亮时，不能将蓄电池从电路中断开，以防止ECU中存储的故障及有关资料信息被清除。只有通过自诊断系统将故障码及有关信

息资料调出，并诊断出故障原因后，才能将蓄电池从电路中断开。

8）当诊断出故障原因，对汽车上的 ECU 进行检查时，应先将点火开关关闭，并将蓄电池接地线拆下；如果只检查汽车的 ECU，则只需关闭点火开关即可。

9）在靠近 ECU 或传感器的地方进行跨接或车身修理作业前，应先断开 ECU 电源和汽车的点火开关。

10）不允许使用试灯的方法去测试任何与 ECU 相连的电气装置。

11）汽车电脑（ECU）故障诊断仪上的传感器必须要防止受潮，不允许将汽车电脑（ECU）故障诊断仪或传感器的密封装置损坏，更不允许用水冲洗汽车电脑（ECU）故障诊断仪和传感器；汽车电脑（ECU）故障诊断仪必须要防止受到剧烈振动，以防止汽车电脑（ECU）故障诊断仪工作、诊断失效。

12）电控燃油喷射系统对汽油的清洁度要求很高，使用中应注意定期更换燃油滤清器；对于装有氧传感器的闭环控制系统的汽车，必须使用无铅汽油，以防止氧传感器失效。

13）电控燃油喷射系统对电动汽油泵的工作除受点火开关控制外，还受空气流量计或 ECU 控制；在点火开关接通后，只有在发动机处于正常工作状态，且空气流量计检测到空气流量信号或 ECU 检测到转速和点火信号时，油泵电路才能接通。

4. 实习后要求

1）检测完毕后，退出主菜单，拔下连接在检查连接器上的检测适配接头，拆下数据线和主机电源线。

2）测试结束后，应先切断电源，再从主机上拆下数据线和测试卡。

3）擦洗、收好汽车电脑（ECU）故障诊断仪、万用表，打扫、清理实习现场，做好交接班工作。

（十）扒胎机安全操作规程

1. 基本要求

1）须经安全知识、专业知识培训，考试合格后，才能上岗操作。

2）除遵守本规程外，还应遵守"机械加工通用安全操作规程"的有关规定。

2. 实习前要求

1）清理、整理实习场地，清除一切妨碍工作的器具及杂物，确保实习现场干净、整洁和规范。

2）开动扒胎机前，应检查机械、安全装置等是否正常；再开机空载运行3min，设备无故障后，才能正式开始工作。

3. 实习中要求

1）严格按照扒胎机说明书规定的方法进行操作；禁止戴手套操作，严禁野蛮操作，以避免发生人身、设备事故。

2）安装或拆轮胎的过程中（见图5-5），注意扒胎机的拆装头与轮毂的距离，避免损伤轮毂表面。

3）扒轮胎时，应将轮毂夹持牢固，检查好后，再起动；转动时，严禁使用手去分离轮胎。

4）工作时，应使设备平稳旋转，

图5-5　装轮胎的过程

连接套筒应连接好,以避免出现挤伤手或套筒甩出伤人事故的发生。

5)给轮胎充气时,手应放在安全位置,以防止手被夹伤。

6)工作时,如果出现机械、电气故障,则立即停机,并及时报告;由机修钳工或维修电工检查和维修,直到设备故障排除,恢复正常后,才能再使用。

7)应使用规定的压缩空气进行工作,并定期排除冷凝水。

8)工作时,要保证减速箱内有足够的润滑油,油量不足时应注意及时补充。

4. 实习后要求

1)清理实习场地,做好扒胎机的各滑动转动部位润滑工作,停机并断电。

2)擦拭、保养扒胎机,清扫、整理实习现场,做好交班工作。

(十一)轮胎螺母拆装机安全操作规程

1. 基本要求

1)须经安全知识、专业知识培训,考试合格后,才能上岗操作。

2)除遵守本规程外,还应遵守"机械加工通用安全操作规程"的有关规定。

2. 实习前要求

1)清理、整理实习场地,清除一切妨碍工作的器具及杂物,确保实习现场干净、整洁和规范。

2)开动轮胎螺母拆装机前,应检查电器部分插头、插座等是否完好无损,电线有没有破损、有没有漏电现象,线接头是否牢固、可靠,正、反转转换开关是否工作良好;机械部分工作是否良好。

3. 实习中要求

1）轮胎螺母拆装机工作时，应旋转平稳，连接套筒应连接好，以防发生挤伤手或套筒甩出伤人事故。

2）按照轮胎螺母拆装机的操作规程，正确操作轮胎螺母拆装机，螺母、螺栓紧到规定的预定转矩时即可，以免用力过大损坏螺母、螺栓。

3）装拆螺母、螺栓时，应根据螺母、螺栓的尺寸，合理选择适当的扭紧力矩和冲击器；套筒套入螺母或螺栓后，必须在施加一定压力后，才能起动电机。

4）装拆螺母、螺栓时，如果出现螺母或螺栓有咬死现象时，不允许操作者强行操作，防止电动机过载或冲击器损坏。

5）严禁将套筒套在冲击器上空转电动机，以防套筒甩出伤人。

6）移动轮胎螺母拆装机时，应首先切断电源；搬运中，严防拉伤电线，严禁碾压电源线。

7）工作现场应保持清洁、干燥，严禁在有油、有水的工作现场进行工作，谨防潮湿漏电。

4. 实习后要求

1）清理实习场地，做好轮胎螺母拆装机的转动部位的润滑工作，停机并断电。

2）擦拭、保养轮胎螺母拆装机，清扫、整理实习现场，做好交班工作。

（十二）U型螺栓拆装机安全操作规程

1. 基本要求

1）须经安全知识、专业知识培训，考试合格后，才能上岗操作。

2）除遵守本规程外，还应遵守"机械加工通用安全操作规程"的有关规定。

2. 实习前要求

1）清理、整理实习场地，清除一切妨碍工作的器具及杂物，确保实习现场干净、整洁和规范。

2）起动U型螺栓拆装机前，应检查电器部分插头、插座等是否完好无损，电线有没有破损、有没有漏电现象，电线接头是否牢固、可靠；机械部分是否工作良好。

3. 实习中要求

1）实习现场应保持清洁、干燥，严禁在有油、有水的实习现场进行工作，谨防潮湿漏电。

2）工作时，U型螺栓拆装机应旋转平稳，操作者应按照U型螺栓拆装机的操作规程进行正确操作，不允许对U型螺栓拆装机进行敲打。

3）装拆U型螺栓时，如果发现有咬死现象，不允许强行进行操作，防止电动机过载。

4. 实习后要求

1）清理实习场地，做好U型螺栓拆装机的转动部位的润滑工作，停机并断电。

2）擦拭、保养U型螺栓拆装机，清扫、整理实习现场，做好交班工作。

（十三）汽车发动机免拆清洗机安全操作规程

1. 基本要求

1）须经安全知识、专业知识培训，考试合格后，才能上岗操作。

2）除遵守本规程外，还应遵守"机械加工通用安全操作规程"的有关规定。

2. 实习前要求

1）清理、整理实习场地，清除一切妨碍工作的器具及杂物，确保实习现场干净、整洁和规范。

2）起动汽车发动机免拆清洗机前，应检查各接头的牢固性。

3. 实习中要求

1）必须佩戴防护眼镜；工作现场严禁吸烟。

2）操作时，必须先将汽车的发动机熄火，等待汽车发动机冷却后，再连接供油管路，以防温度过高烫伤人。

3）加注清洗剂时，应按规定的要求，加入足量的清洗剂；加注清洗剂时，特别要防止清洗剂外泄，如果清洗剂外泄会造成飞溅伤人的事故。

4）清洗汽车发动机，应按规定的时间、规定的转速和规定的程序进行清洗。

5）从环保、健康的角度出发，由于汽车发动机在清洗的过程中，会排出含有多种有害化合物的废气，为了防止操作者吸入废气和清洗汽车发动机散发出的清洗剂的雾气，必须将被清洗的汽车停放在通风良好的工作场地。

6）工作中，如果汽车发动机免拆清洗机或接头出现任何泄漏，则应该立即修理好，并立即擦干净泄漏液体或清洗剂。

7）工作中，不允许使用超过汽车发动机免拆清洗机额定的压力值，否则汽车发动机免拆清洗机就会受到损坏，同时也容易造成人员的伤害。

4. 实习后要求

1）清理实习场地，停机并断电。

2）擦拭、保养汽车发动机免拆清洗机，清扫、整理实习现场，做好交班工作。

（十四）分体超声波清洗机安全操作规程

1. 基本要求

1）须经安全知识、专业知识培训，考试合格

后，才能上岗操作。

2) 除遵守本规程外，还应遵守"机械加工通用安全操作规程"的有关规定。

2. 实习前要求

1) 分体超声波清洗机应安装在干燥、清洁、无强腐蚀气体的实习环境中；清理、整理实习场地，清除一切妨碍工作的器具及杂物，确保实习现场干净、整洁和规范。

2) 起动分体超声波清洗机前，应检查清洗机的水槽有没有足够多的清水，如果不够就必须加入清水，以避免加热干烧；检查水管的管道是否有漏水的情况；检查设备电源电线接地是否良好、牢固；一切正常后，点动试运行，再开空载运行 3min 后，才能正式开始工作。

3. 实习中要求

1) 电源接通后，调整设定温度，当水的温度低于设定的温度时，加热器则会自动加热。

2) 声音异常或清水槽出现漏水现象时，要立即关闭电源开关、停止使用；并倒空清洗液，由机修钳工、焊工进行维修，直到修好后才能使用。

3) 被清洗的工件不允许直接与清洗槽的底板接触，应将工件先放在工件筐里，再将工件筐放入清洗槽内进行清洗。

4) 分体超声波清洗机在工作时，严禁将手放进清洗槽内。

5) 清洗液的温度将会随着清洗工作时间的增加而持续升温，所以分体超声波清洗机连续工作时间不允许超过 8h。

6) 工件清洗结束，必须先关掉电源总开关，才能取出清洗的工件。

7) 对于有加热装置的分体超声波清洗机，在清洗结束后，必须先关闭加热器，等待清洗液冷却后，

才能放空清洗液。

4. 实习后要求

1) 清理实习场地，停机并断电。

2) 擦拭、保养分体超声波清洗机，清扫、整理实习现场，做好交班工作。

（十五）烤漆房安全操作规程

1. 基本要求

1) 须经安全知识、专业知识培训，考试合格后，才能上岗操作。

2) 除遵守本规程外，还应遵守"涂装工安全操作规程"的有关规定。

2. 实习前要求

1) 打开烤漆房门（见图5-6），应先预通风换气，预通风排气体积应不少于烤漆房容积的4倍。预通风结束后，汽车及操作者才能进入烤漆房内，才允许起动加热器工作。

图5-6　汽车烤漆房

2）清理、整理实习场地，清除一切妨碍工作的器具、杂物和危险品；烤漆房内，严禁烟火；严禁在烤漆房的周围存放易燃、易爆物品；确保工作现场干净、整洁、规范和安全。

3）检查烤漆房循环风机或通风机、仪表、管路、房门等附属设备是否良好，如果发现故障应立即排除。

4）应检查油水分离器，将过滤出来的油、水排放干净；应检查烤漆房的电压不得低于 195V；应确保油箱中有足够燃油，能满足此阶段的工作需要；应调整好加热器的燃烧时间，并预设烘烤温度 60～70℃；禁止在加热器燃烧过程中，调整燃烧时间和预设烘烤温度；应打开烤漆房的照明、循环风机或通风机的开关，检查通风是否顺畅，风压是否达到了 $4kg/cm^2$ 以上。

3. 实习中要求

1）点火时，如果第一次点火不着，等待 1min 后，再按一下加热器控制盒上的红灯，即可再次点火；但是最多只能够连续按 4 次，如果 4 次后还是不着火，则必须检查是否有其他原因；同时，必须将加热器从热交换器上拆下，并将内部余油用毛巾擦干，否则会引起爆炸。

2）严禁在循环风机或通风机未开动的情况下喷漆。

3）汽车进入烤漆房后，应立即把烤漆房门关上；操作人员出入烤漆房时，应随手关门，非操作者不得进入烤漆房内，确保烤漆房内免受粉尘、油污、蜡的污染。

4）关闭烤漆房门前，要确认烤漆房里面已经没有人，一切正常后才能关门，然后再按下起动开关进行烤漆工作。

5）烘干涂装件时，应采取预防工件着火的可靠

措施，烤漆房附近应设置扑救火灾的消防器材。

6）烤漆房因故障自动切断热源后，必须认真检查设备，在确认故障已经排除时，才能重新起动运行。

7）操作者必须戴上防毒面罩、穿上防护工作服；喷漆操作中使用的物料不允许与皮肤接触，喷漆操作中所用溶剂或稀释剂不得当作皮肤清洁剂使用；确保操作者的身体健康及维修质量。

8）手动关机前，必须先关闭加热器，加热器关闭 5~10min 后，才能关闭循环风机或通风机的开关。

9）在烤漆房内，严禁烤衣服及其他物品；严禁调配油漆；严禁冬季任何人进入烤漆房内取暖。

10）烤漆房内各种可燃残留物及其污染的垃圾，以及沾有涂料和溶剂的棉纱、抹布等物料，必须及时清理，放入带盖的金属桶内妥善处理。

4. 实习后要求

1）汽车开出烤漆房，必须立即清洁烤漆房，清除室内漆渣和定期清除排气管内沉积物，以避免可燃物自燃引起的火灾；然后关好烤漆房门，关上总电源开关。

2）清扫、整理实习现场，做好交班工作。

3）烤漆房用户应根据制造厂提出的使用说明书，制订设备维护制度，并定期检修；定期时间通常是指 3~6 个月，并视使用工作量的大小进行调整，更换过滤棉，清理或更换活性炭过滤材料。

（十六）手电钻安全操作规程

1. 基本要求

1）须经安全知识、专业知识培训，考试合格后，才能上岗操作。

2）除遵守本规程外，还应遵守"机械加工通用安全操作规程"的有关规定。

2. 实习前要求

1) 清理、整理实习场地,清除一切妨碍工作的器具及杂物,确保实习现场干净、整洁和规范。

2) 开动手电钻(见图 5-7) 前,必须检查手电钻的电源线和插头是否完好,手电钻本身外壳是否绝缘,是否安装了漏电保护器,操作者是否佩戴了绝缘橡皮手套

图 5-7　手电钻

或配用隔离变压器;然后开动手电钻,试车 2min 正常后,再开始工作。

3. 实习中要求

1) 必须将工件夹紧在工作台或台虎钳上后,再开始进行钻孔。操作手电钻时,必须戴上绝缘手套进行操作;在任何情况下,不允许用手拿着工件进行钻孔。

2) 在潮湿地方工作时,必须站在绝缘垫或干燥的木板上才能进行。

3) 钻头必须拧紧,开始时应轻轻地加压,以防止折断钻头。

4) 手电钻的电气线路中间不应该有接头;手电钻的电源线在工作时,严禁乱放、乱拖。

5) 工作中,如果需要用力压手电钻时,必须使用双手压住手电钻,注意手电钻要垂直于工件,而且固定端要固定的特别牢固;使用木棒压手电钻进行工作时,木棒与手电钻必须要垂直,压力不可太大,以防钻头拆断;对于容量较小的手电钻不允许使用木棒加压,也不允许使用其他杠杆去压手电钻进行钻孔。

6) 先对准孔后,再开动手电钻;向上钻孔时,只允许用手顶托手电钻的钻把进行钻孔;禁止在转动

中使用手去扶钻杆。

7）使用手电钻钻削薄板时，必须在薄板下面垫上木板；使用手电钻钻削轴类工件时，下面应垫上三角铁，以防止轴类工件移动；如果使用大钻头钻厚铁板时，必须要固定好厚铁板，防止钻厚铁板旋转伤人。

8）工作中，在手电钻没有完全停止转动前，不允许随意地把手电钻放在地上，也不允许装卸、更换钻头。

9）工作中，如手电钻出现漏电现象、电动机发热程度超过规定要求、转动速度突然变慢或声音异常等故障时，应立即停机，找维修电工进行专业检修，不允许自行拆卸、装配手电钻。

10）工作中，遇到停电、休息或离开工作地时，应立即切断电源。

4. 实习后要求

1）清理实习场地，停机并断电。

2）擦拭、保养手电钻，清扫、整理实习现场，将手电钻及绝缘用品一并放到指定地方，做好交班工作。

（十七）电动手提式砂轮机安全操作规程

1. 基本要求

1）须经安全知识、专业知识培训，考试合格后，才能上岗操作。

2）除遵守本规程外，还应遵守"机械加工通用安全操作规程"和"手电钻安全操作规程"的有关规定。

2. 实习前要求

1）检查电动手提式砂轮机是否有牢固的防护罩；检查电动手提式砂轮机的各部分螺钉有无松动；

检查电动手提式砂轮机的砂轮片有无裂纹，金属外壳和电源线有无漏电之处，插头、插座有无破损。

2）电动手提式砂轮机空转 3min，等待一切正常后，才能进行操作。

3. 实习中要求

1）工作中，要戴上防尘口罩和防护眼镜。

2）操作者不允许正面对着砂轮进行操作，必须站在砂轮的侧面进行操作；操作电动手提式砂轮机时，要拿稳并缓慢接触工件，不准撞击和猛压；要使用砂轮的正面，禁止使用砂轮的侧面。

3）操作电动手提式砂轮机时，不允许用力过大，以防止超载；遇到转速异常时，应立即减小压力并停机，检查并排除电动手提式砂轮机异常后，再进行使用。

4）正在转动的电动手提式砂轮机不准随意地进行移动；如果要进行移动，一定要等待砂轮停稳后，才能移动到指定的地方；电动手提式砂轮机暂时不用时，必须切断电源。

5）发现电源线缠卷打结时，应切断电源后，再耐心解开，不允许强行用手拉电线或强行拉动电动手提式砂轮机。

6）在使用电动手提式砂轮机过程中，发现异常或故障时，应立即切断电源，将电动手提式砂轮机完全脱离电源后，再进行检查，直到其故障完全被排除后才能使用。

7）需要更换砂轮时，要遵守磨削安全操作规程，认真检查砂轮片有无裂纹或缺损；安装砂轮时，配合要适当，应使用扳手锁紧螺母，松紧要适宜。

4. 实习后要求

1）清理实习场地，停机并断电。

2）擦拭、保养电动手提式砂轮机，清扫、整理实习现场，将电动手提式砂轮机放到指定地方，做好

交班工作。

　　3）电动手提式砂轮机要存放在干燥处，严禁放在水或潮湿处；电动手提式砂轮机要定期进行检查，每使用三个月必须要检查一次，即送交维修电工检查电动手提式砂轮机的绝缘、线路和开关情况。

六、安全隐患排查表

（一）砂轮机安全隐患排查表

具体内容见表6-1。

表6-1　砂轮机安全隐患排查表

序号	排查项目	排查标准	排查要点
1	砂轮机安装地点	（1）固定式砂轮机安装地点适当，不能对着其他设备和操作人员及过往通道 （2）若确因地形或位置限制，可在砂轮机正面加装不低于1.8m高度的防护挡板	（1）检查砂轮机是否正对着附近设备或装在经常有人过往的地方，一般应安装在专用砂轮机房内 （2）检查防护挡板是否牢靠，且是否符合安全要求
2	砂轮	砂轮无裂纹，磨损至极限时应更换，转动应平稳、无跳动	检查砂轮是否有裂纹，当砂轮磨损到直径比卡盘直径大10mm时应更换
3	除尘装置	在同一房间内有两台以上（含两台）的砂轮机时，应配有除尘装置	检查有无除尘装置，且是否符合要求

（续）

序号	排查项目	排查标准	排查要点
4	挡屑板	砂轮防护罩开口上端应装有可调整的挡屑板，其宽度须大于砂轮防护罩宽度，并应牢固地固定在护罩上，砂轮圆周表面与护板间的间隙须小于6mm	检查挡屑板是否完好、可调，是否能挡住砂轮碎块飞出
5	护罩	砂轮卡盘外侧与砂轮防护罩开口边缘之间的间隙应在5～15mm之内。砂轮防护罩应安装牢固	查看砂轮、砂轮卡盘、砂轮主轴端部及卡盘外侧与砂轮防护罩开口边缘之间的间隙是否符合要求
6	卡盘（法兰盘）	卡盘（法兰盘）直径应大于砂轮直径的1/3，并有软垫	查看砂轮卡盘的直径和压紧直径及宽度尺寸是否符合要求
7	保护接地	砂轮机保护接地（零）线应安装牢固	检查手拉砂轮机的外壳保护接地（零）线，是否有松动的现象
8	砂轮机托架	（1）砂轮直径在150mm以上的砂轮机，必须装有可调式托架，砂轮托架应装夹牢固，且可调；砂轮圆周表面与托架间的间隙不得大于3mm	（1）直观检查砂轮圆周表面与托架间的间隙是否符合要求，托架安装是否牢固可靠

（续）

序号	排查项目	排查标准	排查要点
8	砂轮机托架	（2）刃磨刀具的砂轮机不能与非磨刀具的砂轮机混用 （3）磨料头、料边、毛坯及进行材料火花鉴别的砂轮机可不设托架，但必须有固定标志说明	（2）检查是否有混用现象 （3）检查是否有标志说明

（二）电焊机安全隐患排查表

具体内容见表6-2。

表6-2　电焊机安全隐患排查表

序号	排查项目	排查标准	排查要点
1	电源线、电焊机接线	电源线、电焊电缆与电焊机接线处应有屏护罩	检查电源线、电焊电缆与电焊机接线处的屏护罩是否能将接线处有效屏护。如果二次线接线端已绝缘封闭，无屏护罩可视为合格
2	保护接地（零）	电焊机插座应与插头相匹配，且必须装有保护接地（零）线	检查电焊机插座是否完整无缺损、破裂。打开插座盖查看有无保护接地（零）线，接线是否正确、规范

（续）

序号	排查项目	排查标准	排查要点
3	绝缘电阻	对电焊机变压器的绝缘电阻应每半年检测1次，电焊机变压器的一次线圈与二次线圈之间，引线与引线之间，线组和引线与外壳之间的绝缘电阻不得小于1MΩ	是否有绝缘电阻检测记录（当年及上半年的绝缘电阻测试记录）
4	电焊机接线	（1）固定式电焊机接线插座到电焊机间的一次接线应不超过2m，在悬空、不占道的情况下可不超过3m （2）固定在生产线工位上的焊机，一次接线长度可按工艺要求适当放宽 （3）移动式电焊机一次接线超过3m时，必须办理临时用电线路手续 （4）二次线接头宜用焊接、压接和插接。二次线接头不允许超过3个	（1）查看一次接线的规定长度是否超标准 （2）移动式电焊机一次接线超过3m时，必须办理临时用电线路手续。检查手续是否完备 （3）直观检查二次接线的接头方式及有无破损、裸露。一处破损或裸露视为一个接头 （4）查看一、二次接线与焊机的连接方式是否符合要求

（三）冲、剪、液压机械安全隐患排查表

具体内容见表 6-3。

表 6-3　冲、剪、液压机械安全隐患排查表

序号	排查项目	排查标准	排查要点
1	离合器、制动器、紧急停止按钮、防护装置、脚踏操作装置、钢直梯护栏	（1）离合器分、合应灵活可靠	（1）抽查离合器：现场试运转 5～10 次,不得出现连冲现象
		（2）制动器应灵敏可靠	（2）抽查制动器：现场试运转 5～10 次,制动是否灵敏可靠
		（3）紧急停止按钮应灵敏可靠	（3）抽查紧停按钮：现场试运转 3～5 次,是否灵敏可靠
		（4）外露传动部位的防护装置应齐全可靠	（4）检查外露传动部位是否有完善的防护罩、盖、栏,未加防护罩的旋转部位的联接销、楔、键不得突出
		（5）脚踏板应用防滑钢板制作或采用其他防滑措施。脚踏操作装置外露部分的上部及两侧应有防护罩,且安装应牢固	（5）检查脚踏板和脚踏操作装置外露部分的防护罩
		（6）大型设备上的固定钢直梯高度超过 3m 时,2m 以上部分应安装护栏	（6）检查大型设备上的固定钢直梯 2m 以上部分是否安装护栏

（续）

序号	排查项目	排查标准	排查要点
2	安全信号装置	（1）冲、剪压设备应有自动送、退料装置 （2）或者有完好的防冲手安全装置，并配有专用工具 （3）电气开关和安全信号装置必须齐全完好，有醒目标志	（1）有自动送、退料装置的视为合格 （2）采用手动工具送、退料，除工具满足要求外，还应加设安全装置；必要时现场试运转 5～10 次，当人的手在工作区时，机床应不能起动 （3）检查电气开关和信号装置是否齐全完好，是否有醒目标志
3	保护接地（零）线	设备的金属外壳接地（零）线应可靠	检查手拉设备的保护接地（零）线是否松动
4	设备泵站	设备泵站自动控制的电气、液压系统必须安全可靠；最高和最低水位的电气、液压控制动作必须灵敏准确，不应有失控和误动作现象	开机检查设备泵站控制系统，是否灵敏、准确、可靠，各控制开关有醒目标志
5	设备泵站的受压容器和受压部件	（1）设备泵站的受压容器和受压部件必须是定点厂生产、有产品合格证	（1）查看压力容器是否是定点厂生产、有无产品合格证

（续）

序号	排查项目	排查标准	排查要点
5	设备泵站的受压容器和受压部件	（2）泵站的高压水、汽罐和水压机的低压充液罐，必须有主管压力容器单位的质量证明书，并在检验周期内使用 （3）高压管道的焊缝，必须定期进行探伤检查	（2）查看受压部件的定期检验记录 （3）查看高压管道的焊缝是否有定期探伤检查的记录，并在检验周期内使用
6	控制系统	所有控制系统的仪表、信号灯、报警器和安全溢流阀等安全附件，必须齐全、显示正确	检查控制系统的仪表、信号灯、报警器、安全溢流阀和其他安全附件是否完好，查看压力表的校验标记和资料
7	泄漏及振动	高低压管道系统，工作中不允许高压水成线状泄漏，所有管道不得有剧烈振动	正常工作时，检查高低压管道系统的泄漏及振动是否符合要求

（四）乙炔气瓶安全隐患排查表

具体内容见表6-4。

表6-4　乙炔气瓶安全隐患排查表

序号	排查项目	排查标准	排查要点
1	外观检查	乙炔气瓶应无严重腐蚀和严重损伤 （1）瓶壁损伤深度不得超过壁厚的1/4，长度不得超过50mm	（1）对乙炔气瓶进行外观检查，查看是否符合各项准则的要求

（续）

序号	排查项目	排查标准	排查要点
1	外观检查	（2）瓶壁凹陷直径不得超过50mm,中心深度不得超过5mm （3）瓶体表面不得有鼓包、膨胀或弯曲 （4）点状腐蚀深度不得超过壁厚的1/3,面积不得超过50mm²;密集点状腐蚀深度不得超过壁厚的1/4,面积不得超过瓶体表面的30% （5）瓶阀、易熔塞的联接螺纹不得有严重腐蚀或损坏	（2）查看有资质检测单位检测记录,以判定是否符合要求 （3）查看有资质检测单位的检测资料,腐蚀长度和面积可在现场进行测量 （4）查看检测记录:瓶阀和易熔塞、壁厚测定和气压试验的数据,以判别其完好性
2	检验周期	乙炔气瓶应在检验周期内使用,乙炔气瓶应每3年检验1次	查看气瓶肩部钢印,确认其是否在检验周期内使用
3	超装	乙炔气瓶上应装有压力表,在15℃时,限定充装压力为1.55MPa,应无超装现象	打开压力表阀门,查看瓶内压力,若大于1.55MPa则视为不合格

（续）

序号	排查项目	排查标准	排查要点
4	标志和标记	乙炔气瓶上应有明显的漆色标志和钢印标记	（1）检查乙炔气瓶的漆色标志是否符合标准规定 （2）检查乙炔气瓶上的钢印标记是否清晰可见
5	安全装置	乙炔气瓶上的安全装置应齐全有效： （1）钢瓶肩部上应装有易熔塞，熔点为(100±5)℃ （2）钢瓶应配有固定式瓶帽 （3）钢瓶应配有颈圈和底座，并安装牢固，防振胶圈应完好	（1）查看乙炔气瓶的合格证，确认钢瓶肩部是否装有易熔塞 （2）直观检查钢瓶是否配有瓶帽、颈圈和底座，是否安装牢固、防振胶圈是否完好
6	储存安全	（1）乙炔气瓶应单库储存，当库房与耐火等级三级及其以上厂房毗连时，两者不得有门、窗、孔洞相通 （2）库房内电气设施应为防爆型、线路应穿管敷设；严禁其他管线穿过储存库	（1）检查储存库房是否符合要求 （2）检查库房内电气设施是否防爆，线路敷设是否符合要求

（续）

序号	排查项目	排查标准	排查要点
6	储存安全	（3）乙炔气瓶储存库与明火点的距离大于15m （4）严禁乙炔气瓶与氯气瓶、氧气瓶及其他易燃物品同库储存 （5）乙炔气瓶库房应有醒目的"严禁烟火"标志	（3）检查乙炔气瓶储存库是否远离明火 （4）检查乙炔气瓶是否与氯气瓶、氧气瓶及其他易燃物品同库储存 （5）检查乙炔气瓶库房是否有醒目"严禁烟火"标志
7	使用安全	（1）严禁将瓶内气体用尽,应按规定留有剩余压力 （2）钢瓶应防止曝晒、靠近热源和电气设备,与明火的距离大于10m （3）必须装设专用的减压阀和回火防止器 （4）气瓶使用储存时,应固定牢固,防止气瓶倾倒,严禁气瓶卧放使用	（1）检查空瓶压力是否合格 （2）检查钢瓶是否有防晒措施,是否靠近热源和电气设备,并远离明火 （3）检查是否有专用的减压阀和回火防止器 （4）检查是否有固定气瓶的架子,是否有气瓶卧放使用的现象

（五）乙炔发生器安全隐患排查表

具体内容见表6-5。

表6-5　乙炔发生器安全隐患排查表

序号	排查项目	排查标准	排查要点
1	回火防止器	乙炔发生器上应垂直安装回火防止器,且安装牢靠	检查回火防止器是否符合要求
2	安全阀	安全阀应与压力相匹配;泄压膜使用专业厂生产的薄铝片或1.5mm厚的橡胶片	用手能轻松地抬起安全阀,正常使用时不排气视为合格。检查泄压膜的资料或商标,确认泄压膜是否是专业生产厂的产品
3	溢水口	溢水口或显示口应能开启,并能正常显示和控制水位	检查溢水口或显示口是否符合要求
4	输气软管	(1)输气软管应无破裂、变薄、变软等老化现象 (2)各连接处应连接牢固,无泄漏 (3)氧气管应为黑色,乙炔气管应为红色	(1)检查输气软管是否有老化现象 (2)用手使劲拔拉软管,判断连接是否牢固、泄漏 (3)查看输气软管的颜色是否正确

(六)手持式电动工具安全隐患排查表

具体内容见表6-6。

表 6-6　　手持式电动工具安全隐患排查表

序号	排查项目	排查标准	排查要点
1	手持式电动工具外观	手持式电动工具的防护罩、盖、手柄应齐全,无破损、变形和松动	检查防护罩、盖和手柄是否符合标准要求
2	开关、插头	开关应灵敏,无缺损和缺件;插头规格应与工具匹配,无破损	开关和插头的额定电流小于工具额定电流时,视为不合格
3	绝缘电阻	每年应测量绝缘电阻 1 次,三种类别电动工具的绝缘电阻分别为 Ⅰ 类工具大于 2MΩ; Ⅱ 类工具大于 7MΩ; Ⅲ 类工具大于 1MΩ	查看是否有绝缘电阻检测记录;若无检测记录,则要抽查绝缘电阻
4	电源线	应采用橡套软线作为电源线,且无缺损、破裂和接头	检查电源线是否符合要求
5	漏电保护器	使用 Ⅰ 类手持电动工具,应装有漏电保护器	检查 Ⅰ 类手持电动工具有无漏电保护器
6	接地(零)线	工具接地(零)线应牢固可靠,否则必须戴绝缘手套并站在绝缘垫上使用	手拉保护接地(零)线检查是否松动

（七）手提式风动工具安全隐患排查表

具体内容见表 6-7。

表 6-7　　手提式风动工具安全隐患排查表

序号	排查项目	排查标准	排查要点
1	手提式风动砂轮机砂轮夹紧装置	(1) 砂轮机夹紧装置应完好、不松动。紧固砂轮的主轴端部螺纹旋向应与砂轮旋转方向相反	(1) 检查紧固砂轮的主轴端部螺纹旋向是否与砂轮旋转方向相反
		(2) 砂轮卡盘的直径应不小于砂轮直径的 1/3,并配有直径比压紧面直径大 2mm、厚度为 1～2mm 的软垫	(2) 检查砂轮卡盘的直径、软垫是否符合要求
		(3) 左右两卡盘与砂轮应同轴	(3) 检查左右两卡盘与砂轮是否同轴
2	气阀、开关和气管	气阀、开关应完好;气路密封应无泄漏;气管应无老化、腐蚀现象	检查气阀、气路是否漏气,气管是否龟裂、变软
3	工作部件	(1) 砂轮、铲头和风动搬头等工作部件应无裂纹	(1) 用放大镜检查砂轮、铲头和风动搬头等工作部件是否符合要求
		(2) 防松脱的锁卡应完好有效	(2) 起动风动砂轮机,检查铲头、风动搬头、夯头等工作部件锁卡是否牢靠
4	砂轮防护罩	(1) 防护罩应能将砂轮、砂轮卡盘和砂轮主轴端部罩住,且完好无损,安装牢固	(1) 砂轮防护罩是否完好无损,安装牢固

（续）

序号	排查项目	排查标准	排查要点
4	砂轮防护罩	（2）防护罩的最大开口度不得超过180°	（2）检查砂轮防护罩的开口度是否能把危险部位完全罩住
		（3）砂轮卡盘外侧面与防护罩开口边缘的间隙应小于15mm	（3）检查工具上是否设有固定标志

（八）喷涂（油漆）房安全隐患排查表

具体内容见表6-8。

表6-8　喷涂（油漆）房安全隐患排查表

序号	排查项目	排查标准	排查要点
1	喷涂室结构	（1）喷涂（油漆）房应为密闭或半密闭空间，用钢板制作或用混泥土建造，内壁表面应平整、易于清理积漆	（1）检查喷涂（油漆）房的结构是否符合规定要求
		（2）喷涂（油漆）房必须用非燃烧材料制造，并有足够的泄压面积，每1m³喷涂空间泄压面积应不小于0.1m²	（2）检查喷涂（油漆）空间泄压面积是否够大
		（3）地面宜用不起火的材料铺设	（3）检查喷涂（油漆）房地面是否为不起火的材料铺设
		（4）配漆室与喷涂（油漆）房应分开	（4）不应在喷涂（油漆）房进行配漆

（续）

序号	排查项目	排查标准	排查要点
2	防火间距	喷涂（油漆）房的防火间距符合安全要求： （1）喷涂（油漆）房与散发明火点的距离应大于30m，有隔墙的应不小于10m （2）浸漆房与烘房共厂房时，间距应大于7.5m	（1）喷涂（油漆）房的防火间距应符合安全要求 （2）喷涂（油漆）房与相邻厂房之间的间隔墙是否用耐火材料构筑，门是否用耐火材料制造
3	门窗开向	喷涂（油漆）房的门窗应向外开	检查喷涂（油漆）房门窗是否朝外开
4	存放量	喷涂（油漆）房的稀释剂、涂料的存放量应不超过当日用量	查看工艺资料，判定稀释剂、涂料是否超量
5	电气设备	喷涂（油漆）房的电气设备应符合防爆要求	检查喷涂（油漆）房的电气线路是否穿管敷设，电气设施是否为防爆型
6	排风装置	（1）喷涂（油漆）房应设置防爆排风装置 （2）其风扇叶轮必须采用不起火的材料制作	（1）检查排风装置是否为防爆型 （2）检查风扇叶轮、风扇上的调节阀等活动部件是否采用不起火的材料制造

（续）

序号	排查项目	排查标准	排查要点
6	排风装置	（3）及时消除抽风罩及通风口部的积漆 （4）室内通风应良好，抽风罩口的设置应有利于防止有害气体经过操作者呼吸带	（3）检查是否及时清除抽风罩及通风口部是否有积漆 （4）检查通风是否良好
7	喷涂限压、安全报警、接地装置	（1）无空气喷涂的喷枪应配置自锁安全装置 （2）喷涂装置出气端的限压装置和超压安全报警装置应定期试验，并有记录 （3）喷涂（油漆）房的所有接地装置的接地电阻应不大于4Ω	（1）检查喷枪是否配置自锁安全装置 （2）检查喷涂装置出气端的限压装置和超压安全报警装置是否定期试验，有无记录 （3）查看接地装置的检测记录
8	耐压和气密性检查	（1）对液压缸,管路液压试验的压力应为最高工作压力的1.5倍,达到试验压力,10min内压力不下降,无变形、无渗漏现象为合格,并应有完整的试验记录 （2）管线布置的最小曲率直径应不小于软管直径的2.5倍	（1）检查空气喷涂装置中的增压缸体、部件、管路阀门是否进行了液压试验,是否有检查记录 （2）检查管线弯道的曲率半径是否符合要求

（续）

序号	排查项目	排查标准	排查要点
9	喷涂作业场所防火措施	(1) 喷涂(油漆)房应有醒目的"严禁烟火"标志,不得使用火炉、电炉加热涂料	(1) 检查喷涂(油漆)房是否有醒目的安全标志
		(2) 喷涂作业与其他作业在同一车间时,应筑墙隔离,且距明火点 10m 以外	(2) 检查喷涂作业与其他作业在同一车间时,是否进行了筑墙隔离,是否距明火点 10m 以外
		(3) 车间内设置行车时,应有防止行车产生火花下落的措施	(3) 检查喷涂(油漆)房是否远离明火,是否有防止火花的措施,并配有足够的消防器材
		(4) 每 50m² 至少配备一只 8kg 干粉灭火器,消防水源可靠,水枪、水带应齐全、完好	(4) 检查每 50m² 是否配备一只 8kg 干粉灭火器,消防水源是否可靠、齐全,水枪、水带是否齐全、完好
		(5) 喷涂(油漆)房的安全疏散口应不少于 2 个	(5) 检查喷涂(油漆)房的安全疏散口是否在 2 个以上
10	静电喷涂漆	(1) 静电喷涂的房体宜用玻璃等绝缘材料建造	(1) 检查静电喷涂房的房体材料和结构是否符合要求
		(2) 门和通风设备与静电发生器应电气联锁,静电喷涂房门一打开,电源应切断;起动通风设备后,才能再接通静电发生器电源	(2) 检查静电喷涂房的门及通风设施与静电发生器的联锁保护装置是否好用

（续）

序号	排查项目	排查标准	排查要点
10	静电喷涂漆	（3）静电发生器电源插座应独立接地，不得用零线代替地线	（3）检查静电发生器电源插座是否独立接地，是否用零线代替地线
		（4）静电发生器的高压输出与高压电缆接触端之间应设置阻流电阻；高压电缆与静电喷涂枪连接处应设置阻流电阻	（4）检查静电发生器的高压输出与高压电缆接触端之间是否设置了阻流电阻
		（5）高压静电发生器应设置自动无火花放电器	（5）检查高压静电发生器是否设置自动无火花放电器
		（6）操作者应穿防静电的工作服	（6）检查操作者是否穿上了防静电的工作服
11	粉末喷涂	（1）粉末喷涂室宜用绝缘材料制造，内壁应光滑	（1）检查粉末喷涂的结构和材料是否符合要求
		（2）金属构架与工件应接地，接地电阻应不大于 100Ω，并有检测记录	（2）检查金属构架与工件是否良好接地
		（3）喷粉室应设置抽风装置及粉末回收装置，粉末回收装置应设置泄压孔，每 $10m^3$ 空间的泄压面积为 $1m^2$	（3）检查喷粉室是否设置抽风及粉末回收装置，且是否有足够的泄压面积

（续）

序号	排查项目	排查标准	排查要点
11	粉末喷涂	（4）粉末输送管道应有防静电接地，接地电阻应小于100Ω，并有定期检测记录 （5）喷枪起动装置与粉末回收装置应电气联锁	（4）检查静电接地是否良好 （5）检查喷枪与粉末回收装置是否电气联锁

七、汽车维护保养的
内容和要求

（一）汽车日常维护保养的内容和要求

汽车日常检查维护保养的主要工作是检查、紧固、清洁和维护，其目的是保持汽车良好的技术状态，延长汽车的使用寿命。主要有以下两个方面：

（1）车体保养　车体保养的目的是为了使汽车车体永保青春、美丽，车体保养又习惯简称汽车美容。其主要是清除车体内、外的各种氧化和腐蚀，然后加以保护，尽量突出汽车的"美"。它主要包括车漆保养，坐垫、地毯保养，保险杠、车裙保养，仪表台保养，电镀表面保养，皮革塑料保养，轮胎、轮毂保修，风窗玻璃保养，底盘保养，发动机外表保养等。

（2）车内保养　车内保养的目的是保证汽车处在最佳技术状态。它主要包括润滑系、燃油系、冷却系、制动系、化油器（喷油嘴）的保养等内容。汽车日常检查、维护保养的内容和要求见表7-1。

表7-1　汽车日常检查、维护保养的内容和要求

时间	检查项目	维护保养内容	维护保养要求
出车前	前灯、转向信号灯、后尾灯	工作正常	使用可靠
	制动装置	制动器、制动液面、制动尾灯	确保可靠

（续）

时间	检查项目	维护保养内容	维护保养要求
出车前	燃油	加够	保证使用
	后视镜	调整到合适	保证使用
	车窗玻璃	擦拭清洁	保证使用
	刮水器	工作正常	保证使用
	轮胎外观	状况良好	确保可靠
	轮胎气压	正常压力	保证使用
	发动机	润滑油液面达到要求	保证使用
	发动机	转动正常	确保可靠
	各仪表、警告指示灯	工作正常	保证使用
	外露部位螺栓、螺母	必须配齐	保证使用
行车中	发动机和底盘	工作正常	保证使用
	三漏	无漏水、漏油、漏气	保证使用
	驻车制动	工作正常	保证使用
	离合器	工作正常	保证使用
	轮胎气压	正常压力	保证使用
	轮胎花纹	及时清除异物	保证使用
收车后	发动机	工作正常	保证下次使用
	燃油、机油、冷却水	及时补充	保证下次使用
	润滑点	按规定对润滑点进行加注	保证下次使用
	机油过滤器	扭转机油过滤器手柄 3~4r	保证下次使用
	前、后制动鼓	排除发热状况	保证下次使用

（续）

时间	检查项目	维护保养内容	维护保养要求
收车后	所有开关和拉钮	关闭	保证下次使用
	随车工具及附件	配齐	保证下次使用
	车门	拔下点火开关的钥匙,关闭好车门	保证汽车安全

（二）汽车一级维护保养的内容和要求

汽车一级维护保养的目的:以清洁、紧固、润滑、保养为主,并检查有关制动、操纵等安全部件,汽车一级维护保养的内容和要求见表7-2。

表7-2　汽车一级维护保养的内容和要求

序号	维护保养项目	维护保养内容	维护保养要求
1	点火系	检查、调整	工作正常
2	发动机空气滤清器、空压机空气滤清器、曲轴箱通风滤清器、润滑油滤清器和燃油滤清器	清洁或更换	各滤芯应清洁,无破损;上、下衬垫无残缺,密封良好;滤清器应清洁,安装牢固
3	曲轴箱油面、化油器油面、冷却液液面、制动液液面高度	检查各液面高度	各液面高度应在 min 和 max 之间
4	曲轴箱通风装置、三元催化装置	外观检查	齐全、无损坏

（续）

序号	维护保养项目	维护保养内容	维护保养要求
5	散热器、油底壳、发动机前后支垫、水泵、空压机、进排歧气管、化油器、输油泵、喷油器的联接螺栓	检查、校紧	各联接部位的螺栓、螺母应紧固，锁销、垫圈及胶垫应完好、有效
6	空压机、发电机、空调压缩机传动带	检查传动带磨损、老化程度，调整传动带的松紧度	符合规定要求
7	转向器	检查转向器液面、密封状况，润滑万向节的十字轴、拉杆、球头销、万向节等部位	各连接处润滑良好，无松动
8	离合器	检查、调整离合器	操纵机构灵敏可靠；踏板自由行程符合规定要求
9	变速器、差速器	检查变速器、差速器液面及密封状况，润滑传动轴万向节十字轴，校紧各联接部位的螺栓，清洁各通气塞	符合规定要求

（续）

序号	维护保养项目	维护保养内容	维护保养要求
10	制动系	检查、紧固各制动管路，检查调整制动踏板自由行程	接头不漏气，支架螺栓紧固可靠，联动机构灵敏可靠，储气筒无积水，自由行程应符合规定要求
11	车架、车身及各附件	检查、紧固	各部螺栓及拖钩、挂钩应紧固可靠，无裂损，无窜动，齐全有效
12	轮胎	检查轮辋及压条、挡圈；轮胎气压（包括备胎），视情况补气；轮毂轴承间隙	轮辋及压条挡圈应无裂损、变形；轮胎气压符合规定，气门嘴帽齐全；轮毂在轴承间隙无明显松动
13	悬架机构	检查	无损坏，连接可靠
14	蓄电池	检查	电解液高度符合规定要求，通气孔畅通，电桩夹头清洁、牢固
15	灯光、仪表、信号装置	检查	齐全有效，安装牢固
16	全车润滑点	润滑	各润滑嘴安装正确，齐全有效

（续）

序号	维护保养项目	维护保养内容	维护保养要求
17	全车	检查	全车不漏电、不漏油、不漏气、不漏尘、不漏水、各种防护罩齐全

（三）汽车二级维护保养的内容和要求

1. 汽车二级维护保养的内容和要求概述

汽车在使用了一定的期限后要进行汽车二级维护，其目的是为了确保汽车的使用安全及汽车性能等各种参数，在国家标准之内。汽车二级维护的内容和要求是除了汽车一级维护和保养外的维护项目，以检查和调整万向节、转向摇臂、制动蹄片、悬架等经过一定时间的使用容易磨损或变形的安全部件为主，并拆检轮胎，进行轮胎换位，检查、调整汽车发动机工作状况和排气污染控制装置等项目，汽车二级维护工作是由汽车维修企业负责执行。汽车二级维护保养的内容和要求见表7-3。

表7-3　汽车二级维护保养的内容和要求

序号	维护保养项目	维护保养内容	维护保养要求
1	发动机润滑油、机油滤清器	（1）更换润滑油 （2）必要时，换机油滤清器	（1）润滑油规格、性能符合规定要求 （2）液面高度符合规定要求 （3）机油滤清器密封良好，无堵塞

（续）

序号	维护保养项目	维护保养内容	维护保养要求
2	检查润滑油油面高度	检查转向器、变速器、主减速器等润滑油液面高度，不足时，按照要求补给	符合出厂规定的液面范围
3	空气滤清器	清洁空气滤清器	（1）空气滤清器清洁有效，安装可靠 （2）恒温进气装置真空软管安装可靠，进气转换阀工作应灵敏、准确
4	燃油箱及油管、燃油滤清器、燃油泵	（1）检查接头密封情况 （2）清洁燃油滤清器，必要时更换 （3）检查燃油泵，必要时更换	（1）接头无破损、渗漏，紧固可靠 （2）燃油滤清器工作正常 （3）燃油泵工作正常，油压符合规定要求
5	燃油蒸发控制装置	检查、清洁，必要时更换	工作正常
6	曲轴箱通风装置	检查、清洁	清洁、通畅，连接可靠，不漏气，各阀门无堵塞、卡滞现象，灵敏有效，符合规定要求

（续）

序号	维护保养项目	维护保养内容	维护保养要求
7	散热器、膨胀水箱、百叶窗、水泵、节温器、传动带	（1）检查密封情况、箱盖压力阀、液面高度、水泵 （2）检查传动带的外观，调整传动带松紧度	（1）散热器及软管无变形、破损及渗漏；箱盖接合表面良好，胶垫不老化，箱盖压力阀开启压力符合规定要求；水泵不漏水；无异响；节温器工作性能符合规定要求 （2）传动带无裂痕和过量磨损，表面无油污，传动带松紧度符合规定要求
8	进、排气歧管，消声器，排气管，气缸盖	（1）检查紧固，必要时补焊或更换 （2）按规定次序和扭紧力矩拧紧气缸盖	（1）无裂纹、无漏气，消声器性能良好 （2）扭紧力矩符合规定要求
9	增压器、中冷器	检查、清洁	符合规定要求
10	发动机支架	检查、紧固	联接牢固，无变形和裂纹
11	分电器、高压线	清洁、检查	分电器无油污、无漏电，高压线性能符合规定要求

（续）

序号	维护保养项目	维护保养内容	维护保养要求
12	喷油器、喷油泵	检查喷油器和喷油泵的作用；必要时，检测喷油压力和喷油状况	（1）喷油器雾化良好，无滴油、无漏油，喷油器压力符合规定要求 （2）供油提前角符合规定要求
13	火花塞	清洁、检查或更换火花塞调整，电极间隙	电极表面清洁，间隙符合规定要求
14	气门间隙	检查、调整	符合规定要求
15	电控燃油喷射系统油管	检查密封状况	密封良好，作用正常
16	三元催化装置	检查三元催化装置的作用，必要时更换	作用正常
17	离合器	检查、调整离合器踏板的自由行程	离合器踏板的自由行程符合规定要求
18	前轮制动	检查前轮制动器调整臂的作用	作用正常
		拆卸前轮毂总成、制动蹄、支承销；清洗万向节轴承、支承销；清洁制动底板等零件	清洁，无油污

（续）

序号	维护保养项目	维护保养内容	维护保养要求
18	前轮制动	检查制动盘、制动凸轮轴，拧紧装置螺栓	（1）制动底板不变形，按规定力矩扭紧装置螺栓（2）凸轮轴转动灵活，无卡滞，转向间隙符合规定要求
		检查万向节及螺母、保险片及油封、万向节臂，以及拧紧装置螺栓	（1）万向节无裂纹，螺纹完好，与螺母配合应无径向松动，保险片作用完好，油封完好不漏油（2）万向节轴颈与轴承配合间隙符合规定要求，万向节臂装置螺栓扭紧力矩符合规定要求
		检查内、外轴承	滚柱保持无断裂，滚柱不脱落，无裂损和烧蚀，轴承内圈无裂损和烧蚀
		检查制动蹄复位弹簧	复位弹簧应无明显变形，自由长度、拉力符合规定要求
		检查制动蹄复位及支承销	（1）制动蹄无裂纹及明显变形，摩擦片无破裂，铆接可靠，摩擦片厚度符合规定要求

（续）

序号	维护保养项目	维护保养内容	维护保养要求
18	前轮制动	检查制动蹄复位及支承销	（2）支承销无过量磨损，支承销与制动蹄承孔衬套配合间隙符合规定要求
		检查前轮毂、制动鼓及轴承内外圈，拧紧轮胎螺栓内螺母	（1）轮毂无裂损 （2）轴承外座圈无裂纹、无麻点、无烧蚀 （3）制动鼓无裂纹，外边缘不得高出工作表面；检查孔完整；内径尺寸、圆度误差、左右孔径差符合规定要求 （4）轮胎螺栓齐全完好、规格一致，按规定力矩扭紧
		装复前轮毂、调整前轮轴承松紧度及制动间隙	（1）装复支承销、制动蹄支承销孔均应涂润滑脂，开口销或卡簧应齐全、有效 （2）润滑轴承 （3）制动鼓、制动片表面清洁，无油污 （4）制动片与制动鼓的间隙应符合规定要求，转动时无碰擦或声响，检查孔、挡板齐全

（续）

序号	维护保养项目	维护保养内容	维护保养要求
18	前轮制动	装复前轮毂、调整前轮轴承松紧度及制动间隙	（5）轮毂转动灵活，用拉力计测量时可转动，且无轴向间隙 （6）锁紧螺母按规定力矩扭紧 （7）保险装置可靠，防尘罩、衬垫完好，螺栓垫圈齐全、紧固
19	后轮制动	拆半轴、轮毂总成、制动蹄、支承销，清洗各零件及制动底板、半轴套管	（1）轮毂通气孔畅通 （2）各零件及制动盘、后桥套管清洁无油污
		检查制动底板、控制凸轮轴，拧紧联接螺栓	制动底板不变形，联接螺栓按规定力矩紧固，凸轮轴转动灵活，无卡滞；轴向和径向间隙符合规定要求
		检查后桥半轴套管、螺母及油封	（1）套管无裂纹及明显松动，与螺母配合无径向松动 （2）油封完好，无损坏、无漏油 （3）套管井与轴承配合间隙符合规定要求

（续）

序号	维护保养项目	维护保养内容	维护保养要求
19	后轮制动	检查内、外轴承	（1）轴承保持架无断裂，滚柱无脱落、无裂损、烧蚀 （2）轴承内全无裂纹、烧蚀
		检查制动蹄及支承销	（1）制动蹄无裂纹及变形，摩擦片无破裂，铆接可靠，摩擦片厚度符合规定要求 （2）支承销与制动蹄片支承孔衬套 （3）支承销无过量磨损
		检查制动蹄复位弹簧	复位弹簧应无变形，自由长度符合规定要求，拉力良好
		检查后轮毂、制动鼓及轴承外座圈，检查、拧紧半轴螺栓，检查轮胎螺栓，拧紧内螺母	（1）轮毂无裂损 （2）轴承外座圈不松动，无损坏 （3）制动鼓无裂纹，内径、圆度误差左右孔径差值符合规定要求，外边缘不得高出工作面，制动鼓检视孔完整 （4）半轴上螺栓齐全、有效

（续）

序号	维护保养项目	维护保养内容	维护保养要求
19	后轮制动	检查半轴	半轴无明显弯曲,不磨套管,无裂纹,花键无过量磨损或扭曲变形
		装复后轮轮毂,调整制动间隙	(1)装复支承销、制动蹄片时,承孔均应涂润滑脂,开口销或卡簧齐全可靠 (2)润滑轴承 (3)套管轴颈表面应涂润滑油后,再装上轴承 (4)制动蹄片、制动鼓表面应清洁无油污 (5)制动蹄片与制动鼓的间隙应符合规定要求,转动无碰擦或声响,检视孔挡板齐全紧固 (6)轮毂转动灵活,拉力符合规定要求 (7)锁紧螺母按规定力矩拧紧
20	转向器转向传动机构	(1)检查转向器传动机构的工作状况和密封性,拧紧各部位螺栓 (2)检查、调整转向盘的自由转动量	转向盘的自由转动量符合规定要求,转向轻便、灵活、无卡滞、无漏油,垂臂及万向节臂无弯曲及裂损,各部件螺栓联接可靠

（续）

序号	维护保养项目	维护保养内容	维护保养要求
21	前束及转向角	调整	符合规定要求
22	变速器、差速器	检查密封状况和操纵机构，清洁通气孔	密封良好、通气孔畅通，操纵机构作用正常，无异响、跳动、乱挡
23	传动轴、传动轴承支架、中间轴承	（1）检查防尘罩 （2）检查传动轴、万向节工作状态 （3）检查传动轴支架 （4）检查中间轴承间隙	（1）防尘罩不得有裂纹损坏，卡箍可靠，支架无松动 （2）万向节不松动，无卡滞，无异响 （3）传动轴承支架无松动 （4）中间轴承间隙符合规定要求
24	空气压缩机、储气筒安全阀	检查、拧紧	清洁、连接可靠，无漏气，安全阀工作正常
25	制动阀、制动管路、制动踏板	（1）检查制动踏板自由行程 （2）检查紧固制动阀和管路接头，制动管路内是否有空气	（1）制动踏板自由行程符合规定要求 （2）制动阀和管路接头连接可靠，无漏气，制动管内无空气
26	驻车制动	检查驻车制动性能，驻车制动器的自由行程	符合规定要求，作用正常

（续）

序号	维护保养项目	维护保养内容	维护保养要求
27	悬架	检查、紧固，必要时补焊、校正	不松动、无裂纹、无断片，按规定扭紧力矩紧固螺栓
28	轮胎（包括备胎）	检查、紧固，补气，进行轮胎换位，磨损严重时更换轮胎	气压符合规定要求，清洁，无裂损、老化、变形，气门嘴完好，轮胎螺栓紧固，轮胎的装用符合规定要求
29	发电机、发电机调节器、起动机	清洁、润滑	符合规定要求
30	蓄电池	清洁，补给，检查	清洁，安装牢固，电解液液面高度符合规定要求
31	前照灯、仪表、喇叭、刮水器、全车电器线路	检查、调整，必要时修理或更换	（1）前照灯、喇叭、各仪表及信号装置功能齐全、有效，符合规定要求 （2）刮水器电动机运转无异响，联动杆连接可靠 （3）全车线路整齐、连接可靠、绝缘性能良好
32	车身、车架、安全带	检查、紧固	性能可靠，工作良好，无变形、断裂、脱焊，连接螺栓，铆钉紧固

（续）

序号	维护保养项目	维护保养内容	维护保养要求
33	内装饰	检查、紧固	设备完好，无松动
34	空调装置	检查空调系统工作状况、密封状况	（1）制冷系统密封，制冷效果良好（2）暖气装置工作正常
35	润滑	全车加注润滑脂的部位全部润滑	润滑脂嘴齐全有效，润滑良好

2. 汽车二级维护保养要达到的目的

1）发动机通过"三清三滤"作业后，应易起动，运转平稳，排气正常（指尾气达标），水温、机油压力符合规定要求，转速平稳、无异响，各皮带张紧适度，无"四漏"（水、油、电、气）现象。

2）方向自由行程和前束符合要求，转向轻便、灵活、可靠，行驶时前轮无左右摆头和跑偏现象。

3）离合器的自由行程符合要求，操作方便，分离彻底，结合平稳、可靠，无异响，液压系统无漏油。

4）变速器、变速驱动桥、万向节（或半轴）传动装置等润滑良好，连接可靠，无异响和过热，不跳挡，换挡灵活，不漏油。

5）制动踏板自由行程和制动器间隙符合规定要求，行车、驻车制动良好，制动时无跑偏和制动时拖滞现象，惯性比例阀工作正常，不漏油。

6）轮胎压力正常（不同的车型规定的高低压标准不同）。

7）悬臂、减振固定、可靠，功能正常，轮毂轴

承的温度在行驶后不高热。

　　8）发电机、起动机、灯光、仪表、信号灯、按钮、开关及附属设备齐全、完整，工作正常。

　　9）全车各润滑点加注润滑油。

　　10）全车冲洗、清洁，保持全车干净。

八、TPM 基本知识及技能

（一）TPM 基本知识

TPM 是"全员生产保全"（Total Productive Maintenance）的英文字头，意指全体员工参加的生产设备保全。

1. TPM 的定义

1）以追求设备的综合效益最高为目标。

2）以设备全寿命周期为对象进行的全系统生产保全。

3）它涉及设备的设计、使用、维修等所有部门的综合管理。

4）要求从企业领导到操作工人、实习学生全员参加。

5）进行设备保全的教育，开展小组的自主管理活动。

上述定义可以概括为"三全"："全效率"［上述1)]、"全系统"［上述2)、3)]、"全员参加"［上述4)、5)]。它明确了人在推行 TPM 管理中的地位和作用，突出了提高人员素质，发挥人的自主积极性的重要性。而"追求设备的综合效益最高"是推行TPM 管理的根本目标。

2. TPM 的特点

1）追求经济性（全效率）。

2）控制全系统［设计阶段的维修预防(MP)→预防维修(PM)→改善维修(CM)]。

3）操作者自主保全。

"经济性"是指"追求设备的综合效益最高"，

即追求设备寿命周期费用最低。但最经济并不等同于最小值，而是经过权衡后所取的一个恰当标准，即以合理的费用获得最高的设备效率。"系统性"是指从设备的计划、设计（选型）、制造、安全、调试、使用、改造直到报废的全过程，对设备全寿命周期进行跨部门的综合管理。"操作者自主保全"是全员生产保全的最大特色，它打破了操作人员与维修人员的绝对分工界限，有利于调动设备使用者自主维护设备的积极性。

3. TPM 的重点内容

实施设备自主保全的重要组织措施是开展 PM 小组活动。每组一般 3～10 人。活动的主要内容包括：

1）根据上级 PM 方针制订 PM 小组的活动目标。

2）组织小组成员为达到目标而努力。

3）分析现状，提出改进意见。

4）记录实际结果并进行分析研究。

5）评价目标实现情况，作出报告。

6）发表成果，制订新的活动目标。

（二）TPM 基本技能

1. 设备的点检

1）通过人的五官（目视、手触、听声、嗅味、问诊）或使用简单的仪器，对设备的润滑点、温升点、易损点、机附仪表及安全装置等关键、薄弱部位进行检查。从设备的热度、振动、声音、气味等状态中及时发现异常，做到"早期发现，早期对策"，将故障排除在萌芽状态。它是推行 TPM 管理的一项重要工作，是设备预防维修的基本技能。

点检的方法：用自己的五官来感觉，通过大脑这个优秀的"计算机"来辨别和判断，见表 8-1。

表 8-1   用自己的五官来对设备进行判别

触觉		热度
		振动
听觉		声音
视觉		振动
		量具、测量仪器
		损伤
嗅觉		气味

2）设备点检的应用如图 8-1 所示。

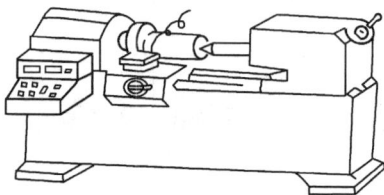

图 8-1   设备点检的应用

3）设备点检的关键见表 8-2。

表 8-2　设备点检的关键

项目＼检查要点	旋转部位	滑动部位	传动部位	搬运部位	夹具类	液压机器类	空气压力机器类	润滑机器类
油量								
温度								
异响								
异味								

（续）

检查要点＼项目	旋转部位	滑动部位	传动部位	搬运部位	夹具类	液压机器类	空气压力机器类	润滑机器类
振动								
松动								
损伤								
溅油								
污垢								
渗漏								

4) 设备点检的全过程如图 8-2 所示。

图 8-2   设备点检的全过程

5) 设备的点检要点见表 8-3 ~ 表 8-5。
① 设备起动前的点检要点见表 8-3。

表 8-3   设备起动前的点检要点

点检项目	油箱油量
重要点	观察油面计,接近下限则补加油(油量少会导致泵破损)
状态 (正常√, 异常×)	

（续）

点检项目	油温
重要点	外界气温在 10°C 以下时,油温也低,要进行升温运转。如能在油箱内放入温度计,就能正确测量油温
状态 （正常√, 异常×）	 温度计　　正确测量
点检项目	压力计
重要点	确认压力计的指针是否指向 0MPa(0kgf/cm²)
状态 （正常√, 异常×）	√　　　　× 　　　　　未回零

②设备刚起动时的点检要点见表8-4。

表8-4　设备刚起动时的点检要点

点检项目	液压油的污染
重要点	点检油量计，确认有无水分混入、有无污染、油质有无老化(记住新油的颜色和透明度，这一点很重要)
状态 (正常✓，异常×)	× 变为黑褐色 (污染、变质)　　× 变为乳白色 (混入水分)
点检项目	压力计的指针
重要点	点检压力计，调整压力控制阀，使指针达到设定压力范围(压力过高，则液压元件破损;过低，则运转不良)
状态 (正常✓，异常×)	✓ 设定压力范围 (颜色表示)　　× 设定压力范围 　　设定压力以下 设定压力以上指针摆动 ±0.3MPa(3kgf/cm²)以内OK

（续）

点检项目	液压泵的声音
重要点	通过泵的声响变化和压力状态确认起动后,泵的吸油、出油状况
状态 （正常√, 异常×）	利用压力计确认
点检项目	泵的振动、噪声
重要点	熟识泵的正常声音,进行比较判断(有异常则马上向领导报告)
状态 （正常√, 异常×）	

（续）

点检项目	油箱内的泡沫的状态
重要点	点检油量计，确认无泡沫产生（有泡沫，则泵会发出"嘎嘎"的声响）
状态 （正常✓, 异常×）	泡沫的产生

③设备工作中，停止之后的点检要点见表 8-5。

表 8-5　设备工作中、停止后的点检要点

点检项目	油温 	
重要点	因季节变化有差别，但油温在 25～55℃ 时最好。用手按在工作箱的侧面，确定是否为适合温度，最好是用温度计或热量标正确地测量	
状态 （正常✓, 异常×）	稍温	32℃左右
	温暖	38℃左右
	感觉到热度（触摸 1min）	48℃左右
	相当热（触摸 15s）	56℃左右

（续）

点检项目	漏油
重要点	用眼确认从配管、接头、元件的安装部位或液压缸上是否有油漏出。若有，不仅会导致机器运行不正常，也会造成油的浪费

状态
（正常√，异常×）

漏油程度	年间损失量 L／年
10s 间漏一滴	150
5s 间漏一滴	300
1s 间漏一滴	1500
像线一样流，时而被切断	32600
不断线	116800

点检项目	管路的振动
重要点	观察管路的紧固情况

状态
（正常√，异常×）

螺钉松动脱落　　　紧固无振动

（续）

点检项目	橡胶管
重要点	确认橡胶软管与金属管连接部分,或与其他橡胶软管是否有接触不良的现象。因摩擦会引起异常磨损
状态 (正常✓, 异常×)	

6) 设备点检时常用的工具、量具见表 8-6 和表 8-7。

表 8-6　设备点检时常用的工具

名称	示意图	点检及正确使用要点
拧螺栓、螺母的常用工具		（1）与螺栓、螺母配合部分的磨损、松紧程度点检 （2）尽量不使用活扳手 （3）要按回转方向正确使用呆扳手 （4）工具与螺栓、螺母的配合要恰到好处

（续）

名称	示意图	点检及正确使用要点
螺钉旋具		(1)点检螺钉旋具前端的磨损状态和有无缺损处 (2)螺钉旋具和螺钉的大小要适合
敲打工具		点检锤子头部连接处是否松动,是否有防止脱落装置
夹钳工具		(1)孔的间隙点检 (2)不要用夹钳旋拧螺栓、螺母

表 8-7　设备点检时常用的量具

测量用的量具		精度检定有效期限
名称	示意图	
外径千分尺		
两点内径千分尺		
深度千分尺		初期 半年　到 末期 (上期　下期)
指示表		
游标卡尺		

（续）

测量用的量具		精度检定有效期限
名称	示意图	
塞规		两个月
卡规		

注意事项	工、量具的日常维护	精度检定有效期 → 认定 ⇒ 是很重要的
	其他	1. 使用上的注意 2. 防止垃圾、灰尘、污染 ⟩ 都放在心上

2. 操作者自主保全的要点

1）点检——力争在"异常"发展成为故障之前就被发现和排除。

2）加油——保证设备处于良好的润滑状态。

3）报告——及时向有关人员报告设备的异常状态。

3. 常用焊接设备日常保全的要点

1）焊条电弧焊机日常保全的要点如图 8-3 所示。

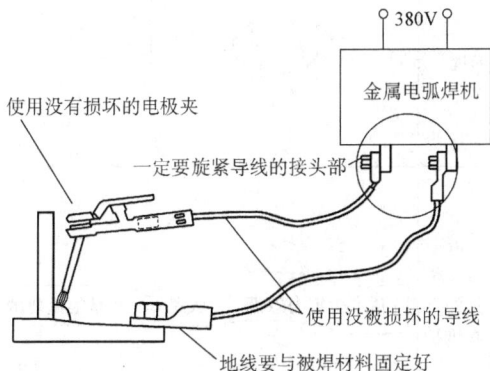

○ 380V

金属电弧焊机

使用没有损坏的电极夹

一定要旋紧导线的接头部

使用没被损坏的导线

地线要与被焊材料固定好

图8-3　焊条电弧焊机日常保全的要点

2）氧气乙炔焊机日常保全的要点如图 8-4 所示。

3）二氧化碳气体保护焊机日常保全的要点如图 8-5 所示。

4）惰性气体保护焊机日常保全的要点如图 8-6 所示。

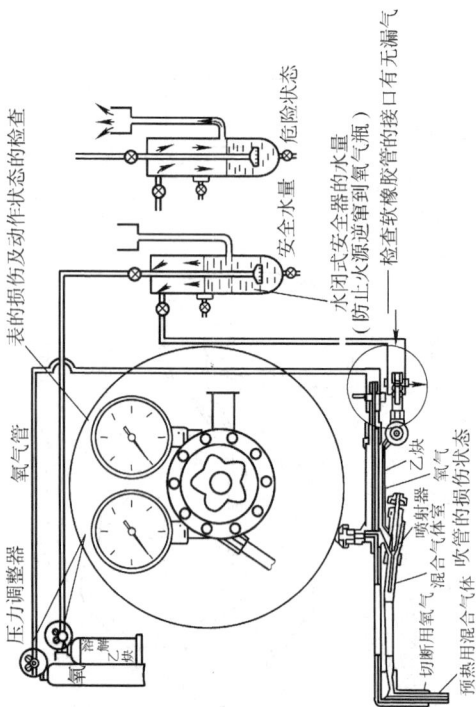

图 8-4 氧气乙炔焊机日常保全的要点

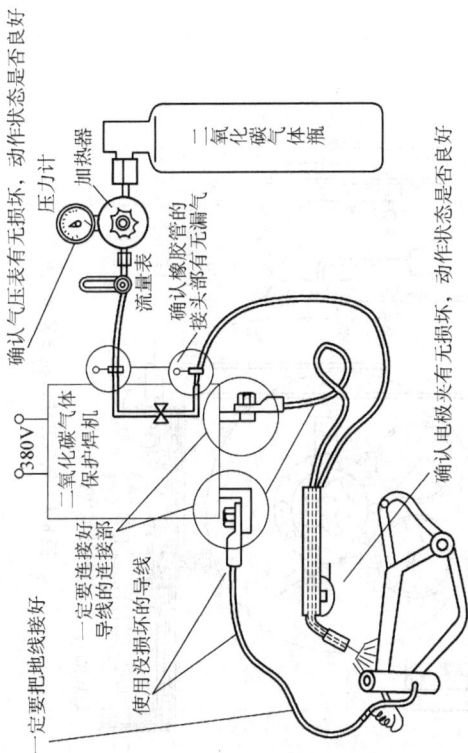

图 8-5 二氧化碳气体保护焊机日常保全的要点

确认气压表有无损坏、动作状态是否良好

加热器

压力计

二氧化碳气体瓶

流量表

确认橡胶管的接头部有无漏气

380V

二氧化碳气体保护焊机

一定要接好导线的连接部

一定要把地线接好

使用没损坏的导线

确认电极夹有无损坏、动作状态是否良好

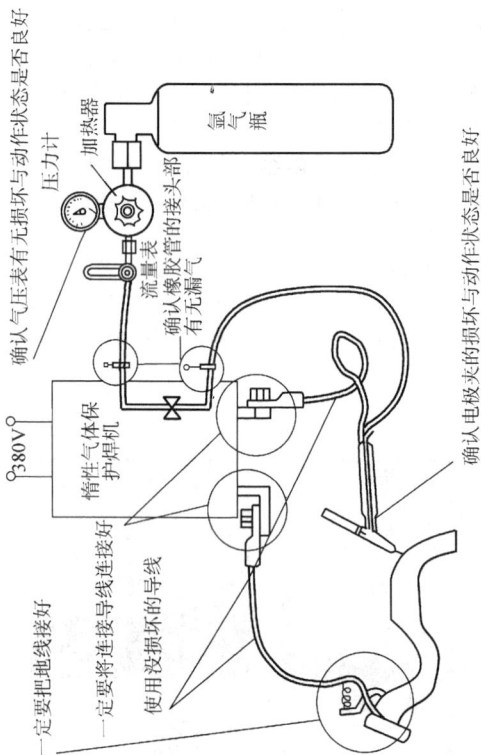

图 8-6　惰性气体保护焊机日常保全的要点

确认气压表有无损坏与动作状态是否良好

压力计

加热器

氩气瓶

流量表

确认橡胶管的接头部有无漏气

380V

惰性气体保护焊机

一定要把地线接好

一定要将连接导线连接好

使用没损坏的导线

确认电极夹的损坏与动作状态是否良好

(三)"6S"管理知识

1. "6S"管理的起源

"6S"管理活动起源于日本,它是指在生产现场中对材料、设备、人员等生产要素进行相应的"整理、整顿、清扫、清洁、素养、安全"等管理活动,为其他管理活动的开展打下良好的基础。由于用罗马字拼写这几个日语词汇时,它们的第一个字母都是"S",所以简称为"6S"管理。

2. "6S"管理的内容 (见图8-7~图8-12)

"6S"管理的内容:整理、整顿、清扫、清洁、素养和安全。

1)"整理"、"整顿"的对象是设备、工具、物资、材料等。要清除不需要的物品,按使用频率、品类、使用地点进行分离、整理、保养、有序排列。

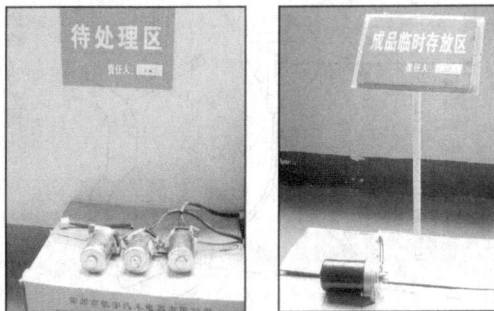

图8-7 "1S"——整理 (要与不要、一留一弃)

图 8-8　"2S" ——整顿（科学布局、取用方便）

图 8-9　"3S" ——清扫（清除垃圾、亮丽环境）

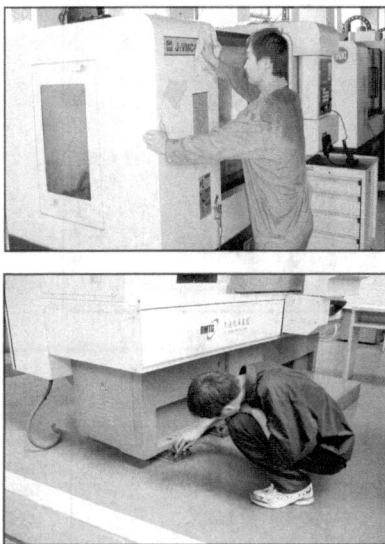

图 8-10 "4S"——清洁（清洁到位、持之以恒）

图 8-11 "5S"——素养（形成习惯、提高素质）

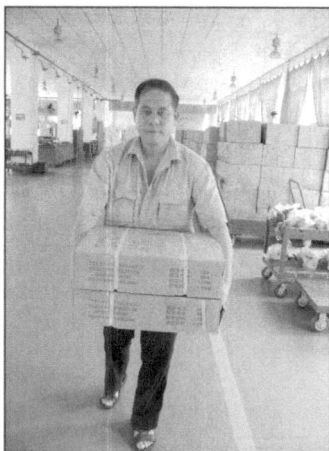

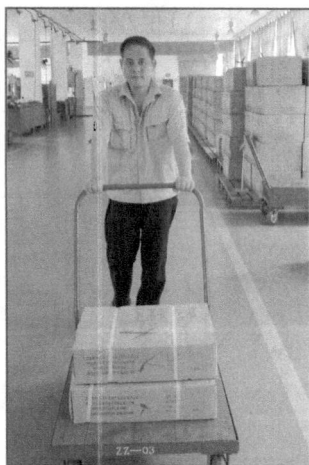

图 8-12　"6S" —— 安全（时时遵章、警钟长鸣）

2）"清扫"、"清洁"要求将设备、工具、物品、实习场所打扫干净。

3）"素养"是指实习学生在实习中必须养成良好的习惯。

4）"安全"是指在实习、生产（工作）中要时刻注意保证实习学生的人身安全和设备、设施的安全。

3. "6S"管理的方法（见图8-13～图8-18）

图8-13 划分区域（合理布局、规范摆放）

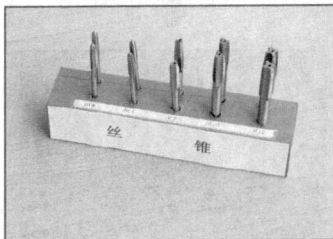

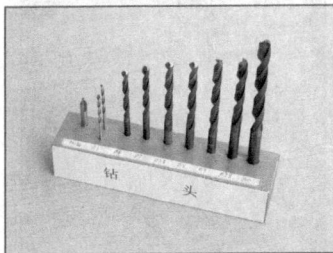

图8-14 分类摆放（细分单元、方便查找）

图 8-15　集中存放

图 8-16　存放上架

图 8-17　标志相符

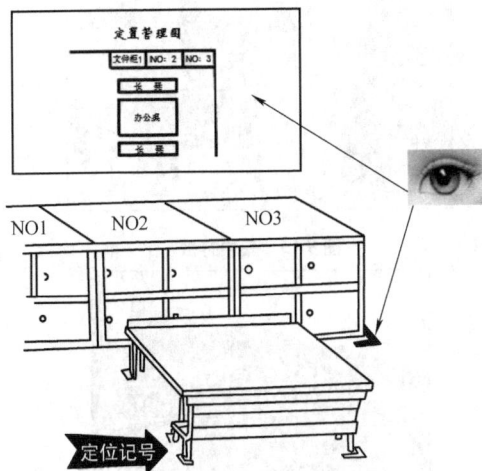

图 8-18　定置定位相符

4. "6S" 管理细则（见表 8-8）

表 8-8　"6S" 管理细则

名　称	项　目
整理 （将必要的、不要的物品进行分类，必要物品分类定置，并标记清楚）	通道
	实习场所的设备、材料
	办公桌(实习台)上下及抽屉
	料架
	仓库
整顿 （彻底清除不要的物品，按使用时期、使用目的分类与保存，并做定置与标记）	设备、机器、仪器
	工具
	工件
	图样
	文件、档案
清扫 （通过大扫除找出难以清扫之处和污染处，并提出改善对策）	通道
	实习场所
	办公桌、实习台
	窗、墙板、天花板
	设备、工具、仪器
清洁 （整理好不卫生的物品，找出环境被污染的地方，开展卫生活动）	通道、实习区
	地面
	办公桌、实习台、椅子、架子、会议室
	洗手池、厕所等
	储物室
素养 （遵守基本的车间规定、保证理想的实习及工作环境，并养成习惯）	日常"6S"活动
	服装
	仪容
	行为规范
	时间观念
安全 （创造安全、文明的实习及生产环境）	组织安全
	电气安全
	设备安全
	仓库安全
	实习场所安全

5. 个人的"6S"（见图 8-19 ~ 图 8-24）

图 8-19　注重锻炼

图 8-20　从容到岗

图 8-21　文明礼貌

图 8-22　按时学习

图 8-23　防护到位

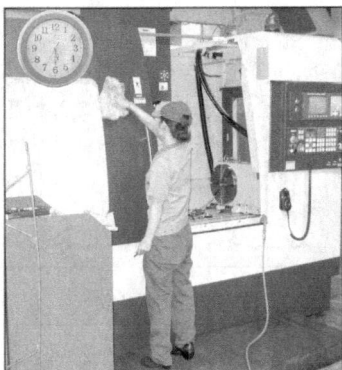

图 8-24　清扫干净

九、设 备 维 护

（一）设备维护守则

1. 三好

（1）使用好 严格执行安全操作维护规程和工艺规程；不得超负荷或野蛮使用设备。

（2）管理好 操作者应管理好自己使用的设备；未经实习指导教师同意，不准其他人使用设备。

（3）维护好 严格执行设备维护、保养、润滑规定，保持清洁、完好。

2. 四会

（1）会使用 实习学生应熟悉设备的操作维护规程，熟悉设备性能，清楚加工工艺、工装和刀具，正确使用设备。

（2）会保养 清楚各保养部位、保养要求及各加油点的加油要求。

（3）会检查 了解所用设备的结构、传动原理和易损件部位，熟悉日常检查的项目、标准和方法，并能按规定要求做。

（4）会排故 熟悉所用设备特点，懂得拆卸注意事项，能鉴别设备正常与异常现象，会作一般的调整和排除简单故障，协同机修钳工或维修电工排除故障。

3. 设备操作、维护的"五项要求"

（1）完好 设备零部件、附件及安全装置齐全，线路、管道完整。无碰伤、划伤；各部位不漏油、不漏水、不漏气、不漏电。

（2）清洁 设备内、外清洁，无黄斑；切削液

不变质, 切削液箱干净; 各滑动面、丝杠、齿条无黑油污; 切削垃圾清扫干净; 设备不清洁不得交班。

(3) 润滑　按时加油、换油, 油质、油量符合要求, 油杯、油嘴齐全, 油毡、油线清洁, 油标明亮, 油路畅通。

(4) 安全　实行定人、定机制度, 凭操作证使用设备, 遵守安全操作规程, 合理使用, 精心维护, 监测异状, 不出事故。

(5) 记录　做好设备运行记录和交接班记录。

(二) 普通设备操作规程

1. 班前 "三件事"

1) 认真检查设备各部件、安全装置、各手柄位置是否正常, 查验交接班本记录的内容。

2) 在规定部位加注润滑油。

3) 空载、低速运转 3~5min。

2. 班中 "九不要"

1) 不要在开机时变速 (特殊设备例外)。

2) 不要在开机时离开或委托他人看管设备。

3) 不要开动未经批准使用的设备。

4) 不要开动有运转故障的设备或超负荷、超规格使用设备。

5) 不要在设备基准面、滑动面上放置工具、零件, 不准脚踏护板 (罩) 或直接脚踏台面、导轨。

6) 不要用加长扳手拧螺钉、螺母或用力转动手轮、手柄。

7) 不要取下各种防护、保险装置或打开箱盖开动机床。

8) 不要使用不合格、不清洁的润滑油。

9) 不要打开电器箱或随意摆弄电气装置。

3. 班后 "两保养"

1) 每天下班前 15~30min 进行的保养: 擦净设

备的导轨、丝杠、尾座等传动和滑动部位，涂防锈油，将各移动部件挪至空位，做好交班记录，向接班人交代清楚设备运转使用的情况。

2）周末下班前 0.5～3h 进行的保养：除做好每天的保养内容外，还要清洗过滤网、挡油毡、切削液箱、试验安全限位装置。

4. 设备操作过程中的"四注意"

1）注意各机床仪表是否正常。

2）注意各油位、各自动润滑功能是否正常。

3）注意各传动、滑动部件有无异响、振动。

4）注意机电部件有无发热、异味或其他异常。

5. 操作必须"三做到"

1）发现设备异常，立即停机检查，并及时报告带班实习指导教师或有关人员。

2）发生设备事故后，应立即切断电源，保持现场，逐级报告。

3）做好"一、二级保养"，参加"三级保养"。

6. "三级保养"制度

1）"一级保养"是由实习学生进行的日常保养。

①目的——保持设备清洁整齐、安全可靠、润滑良好、运转正常。

②内容——主要是班前"三件事"、"班后两保养"。

③周期——每班一次。

2）"二级保养"是以实习学生为主，必要时由机修钳工配合的一种定期保养。

①目的——保持设备润滑良好，减少磨损，排除缺陷，消除隐患；达到漆见本色、铁见光、油路通、操作灵活、运转正常的完好状态。

②内容——彻底擦拭设备，按规范清洗设备内脏、疏通油路，清理油杯、油线、毛毡，清洗刀架、尾座、卡盘等，修磨摩擦面，调整配合间隙，消除紧

固件松动,检查电器设备、线路(维修电工负责)。

③周期——两班实习的设备,每季度进行一次。

3)"三级保养"是以机修钳工为主,实习学生参加的一种定期保养。

①目的——提高设备完好率,达到完好标准。

②内容——全面完成"二级保养"规定的内容。

按规范对设备进行部分机构分解清洗、调整、修理、更换或修复磨损件;彻底清洗设备外表面。

(三)机械设备机械部分"一级保养"规范

(1)交、直流弧焊机和气体保护焊机"一级保养"规范(见表9-1)

表9-1 交、直流弧焊机和气体保护焊机
"一级保养"规范

序号	时间	内　　容	要　　求
1	班前	(1)检查指示装置 (2)在润滑点加油 (3)检查气体压力(气体保护焊) (4)打磨焊把钳口及焊把线接头 (5)检查接地或接零	(1)齐全、指示正确 (2)油路畅通 (3)符合说明书要求 (4)接触良好 (5)牢固、无断股

（续）

序号	时间	内　容	要　求
2	班中	（1）执行设备操作规程 （2）操作中发现异常，立即断电检查	（1）严格遵守 （2）处理及时，不带故障运行
3	班后	（1）擦拭设备表面，清理设备周围环境 （2）切断电源，关闭阀门	（1）清洁、整齐 （2）严格遵守

（2）点、滚焊机和对焊机"一级保养"规范（见表9-2）

表9-2　点、滚焊机和对焊机"一级保养"规范

序号	时间	内　容	要　求
1	班前	（1）检查指示装置 （2）按润滑点加油 （3）检查接地或接零	（1）齐全，指示正确 （2）油路畅通 （3）可靠
2	班中	（1）执行设备操作规程 （2）操作中发现异常，立即停机检查	（1）严格遵守 （2）处理及时，不带故障运行
3	班后	（1）擦拭设备外部，清理设备周围环境 （2）切断电源	（1）清洁、整洁 （2）严格遵守

（四）机械设备机械部分"二级保养"规范

（1）立式钻床机械部分"二级保养"规范（见表9-3）。

表9-3　立式钻床机械部分"二级保养"规范

序号	部位	内　容	要　求
1	主轴箱	（1）检查、调整各定位手柄位置 （2）检查、清除主轴表面及锥孔毛刺	（1）灵活、可靠、安全 （2）光滑
2	进给箱	（1）检查各变速手柄 （2）检查限位装置	（1）灵活、可靠 （2）安全可靠
3	工作台	清除工作台面毛刺	光滑
4	润滑与切削液装置	（1）检查、清洗过滤器、分油器及加油点 （2）检查油质、油量 （3）清洗切削液输送泵、切削液箱，必要时更换切削液 （4）按润滑图表的规定加注润滑油 （5）检查、调整液压	（1）清洁无污、油路畅通、无泄漏 （2）不变质、不缺油 （3）清洁、无泄漏 （4）润滑良好 （5）符合要求

（续）

序号	部位	内　容	要　求
5	整机及外观	（1）清洗防尘毛毡，清除导轨毛刺 （2）清理机床周围环境，全面擦洗机床表面及表面死角	（1）清洁、表面光滑 （2）漆见本色、铁见光

（2）摇臂钻床机械部分"二级保养"规范（见表9-4）

表9-4　摇臂钻床机械部分"二级保养"规范

序号	部位	内　容	要　求
1	主轴箱	（1）检查主轴及锥孔表面 （2）检查锁紧机构 （3）检查变速手柄	（1）清洁、无毛刺 （2）锁紧可靠、松开灵活 （3）齐全、灵活、可靠
2	摇臂及立柱	（1）清除滑动面毛刺 （2）调整摇臂上导轨钢带 （3）擦洗摇臂丝杠 （4）检查立柱与摇臂锁紧机构	（1）光滑 （2）平整、松紧适宜 （3）清洁 （4）锁紧可靠、松开灵活

（续）

序号	部位	内　　容	要　　求
3	润滑与切削液装置	（1）检查、清洗过滤器、分油器及加油点 （2）检查油质、油量 （3）清洗切削液输送泵、切削液箱，必要时更换切削液 （4）按润滑图表的规定加润滑油 （5）检查、调整液压	（1）清洁无污、油路畅通、无泄漏 （2）不变质、不缺油 （3）清洁、无泄漏 （4）清洁、无泄漏、润滑良好 （5）符合要求
4	整机及外观	（1）清洗尘毛毡，清除导轨毛刺 （2）清理机床周围环境，全面擦洗机床表面及死角	（1）清洁、表面光滑 （2）漆见本色、铁见光

（五）机械设备电气部分"二级保养"规范

普通机械设备电气部分"二级保养"规范（见表9-5）

表9-5　普通机械设备电气部分"二级保养"规范

序号	部位	内　　容	要　　求
1	配电箱内	（1）清扫各电气元件	（1）清洁无污

（续）

序号	部位	内　　容	要　　求
1	配电箱内	（2）配齐螺钉，紧固各电器元件，拧紧各接线端子 （3）检查各极熔断器内的熔丝（片）容量 （4）整理配电箱线路，更换老化导线	（2）牢固、无松动 （3）三相一致、容量符合要求 （4）整齐美观、连接牢靠
2	电动机	（1）清洁电动机外壳 （2）检查连接线端子，更换已老化的导线及绝缘材料	（1）漆见本色 （2）连接牢固、绝缘良好
3	照明及保护系统	（1）检查照明灯具，配全紧固螺钉 （2）检查各限位开关 （3）检查各金属软管连接情况 （4）检查设备接地保护状态	（1）装置完好无损，支架转动灵活 （2）紧固、无损、位置恰当、动作灵敏 （3）紧固可靠、无脱落吊挂现象 （4）牢固，地线应是多股软线且截面积符合要求

十、工艺守则

（一）汽车装配通用工艺总则

1. 基本要求

1）在上岗前，应经过工艺、安全、操作技能培训，并取得相应岗位的培训合格证书。

2）能够读懂本岗位的装配图样、装配工艺规程、有关技术资料和作业指导书。

3）具备本岗位操作、装配能力和技术装配技巧。

2. 装配前

1）操作者接到装配任务后，首先要检查本岗位装配所需的零（部）件、装配图样、工艺规程和有关技术资料是否齐全。

2）应熟悉本岗位的工艺文件、装配图样及技术要求，有疑问之处应找有关人员问清楚后，再进行装配。

3）没有经过检验或检验不合格的零（部）件一律不得流入装配现场；装配前，应主动检查所有零（部）件、紧固件及总成的正确性，凡是有质量问题的零（部）件，紧固件及总成及有破损、锈蚀、变形、老化等不合格的产品、零（部）件，应及时向检验员及主管领导反映、报告，待有关问题解决后才能进行装配。

4）按工艺规程要求准备好装配所需的全部工具、夹具、量具，发现问题及时处理；对于新工具、新夹具、新量具等，要先熟悉其使用要求和操作方法。

5）装配所用的工具、夹具、量具应放在规定的位置，不得乱放。

6）装配所用的工具、夹具、量具不允许随意拆卸和更改。

7）检查装配所用的工具、夹具、量具是否完整、合格。

8）装配之前应确保做到"四洁"，即场地清洁（无杂物、无油污）、压缩空气清洁（压缩空气中无水分或过量的油雾）、零件（总成）清洁（零件表面没有灰尘、油污或包装物）、手套清洁（确保不会因为手套的不清洁而造成装配零、部件表面的污染）。

3. 装配中要求

1）装配中应遵守"三按"原则，即按图样、按工艺、按标准进行装配。

2）装配中应遵守"三定"方法，即定人、定机、定职业方式组织装配。

3）在装配中，应严格执行装配工艺文件、图样、技术文件、质量文件的要求，按工艺规定的工序进行装配；不允许越工位进行装配，更不允许影响上道工序操作者的装配工作。

4）严格按照装配工艺的要求进行装配，杜绝自作主张，自行其是；没有取得主管工艺人员的同意，操作人员没有任何权利改变装配的方法或装配工艺。

5）在装配中，装配场地应保持清洁、整齐，零（部）件及分总成不允许接触地面，装配中应始终保持清洁，文明生产。

6）装配中，对于运动件的配合表面应均匀涂刷润滑油脂后，再进行装配，不允许不涂刷润滑油脂而干装；各部分润滑油脂的油嘴一定要配齐，不允许不装、少装或漏装。

7）油封装配中的零部件应保持接触面清洁，并涂上润滑油后再使用专用工具进行装配，严禁使用锤

子敲击零部件进行装配。

8)滚动轴承应使用专用的轴承工具进行装配;装配中使用的调整垫圈,应平整、无凹凸不平及异物;对于螺纹联接件装配时,应选用相应尺寸的扳手、套筒进行操作;另外,不能直接使用气动工具直接拧紧螺纹联接件,必须使用手拧上几圈螺纹后,再使用气动工具对螺纹联接件进行拧紧;多个螺栓拧紧时应按装配工艺规定的要求顺序进行拧紧或按十字交叉法进行对角均匀拧紧,拧紧中必须按规定的转矩进行拧紧;在工艺文件中,对于一些比较重要的螺栓(螺母)提出了不同值的转矩要求,这部分螺栓(螺母)不能随意拧紧,必须要使用气动工具先进行预紧到接近转矩要求的下限值时,再使用扭力扳手去拧紧,直至达到规定值后结束;凡需要使用扭力扳手和转角法扳手进行装配的螺栓,对于配合面的螺纹头部支撑面均应涂上润滑油脂;螺栓拧紧后,弹簧垫圈如有损坏,必须及时更换弹簧垫圈,以起到防松作用。

9)装配中不允许擅自更改零件清单;在装配中,要防止错装、漏装、乱装;在装配中,要自检与互检相结合,以确保装配质量。对于不能进行互换的零件及有规定标记的零件,应在装配中做好装配标记。

10)装配中各种密封橡胶条,隔音、隔热板及其他内饰覆盖件,涂胶应均匀,粘接应牢固,粘接表面要清洁,不得起皱、断落。

11)装配中各种液、气管路连接时,应检查接头部、坡口有无折裂及异物,管口应清洁,管螺母牙型应完整,涂上螺纹密封胶,再进行装配;流水线装配操作禁止使用胶带。

12)装配中汽车各条气管路及电线束应排列整齐,走向顺畅,避免气管路或电线束叠压、干涉,保证接头或插片连接牢固,不允许接头、插片松开、脱

落；每间隔20cm应使用塑料坚固带进行捆扎，每间隔50cm要有一个固定点。

4. 装配后要求

1）零部件装配完成后，必须进行自检。检查是否有少装、漏装、错装等问题，如果发现了上述问题，应该及时纠正，并全部改过来。

2）检查所装配的零件与零件的接触面是否贴合，弹簧垫圈是否紧平，有转矩要求的螺栓（螺母）的转矩是否符合规定的要求。

3）对于活动件或电动件，应进行活动实验或通电检测，测试是否达到规定的要求。

4）装配后，应将所有的用具、零件随身带走，不能把任何物品遗留在车身里，避免车身上有遗留物品。

5）装配检查合格后，应在装配工序的质量单上签上名字。

（二）钻削加工通用工艺守则

1. 钻孔

1）按划线钻孔时，应先试钻，确定中心后再开始钻孔。

2）在斜面或高低不平的面上钻孔时，应先修出一个小平面后再钻孔。

3）钻不通孔时，事先要按钻孔的深度调整好定位块。

4）钻深孔时，为了防止因切屑阻塞而扭断钻头应采用较小的进给量，并需经常排屑；用加长钻头钻深孔时，应先用标准钻头钻到一定深度后再用加长钻头。

5）螺纹底孔钻完后必须倒角。

2. 锪孔

1）用麻花钻改制锪钻时，应选短钻头并应适当

减小后角。

2) 锪孔时的切削速度一般应为钻孔切削速度的 1/3 ~ 1/2。

3. 铰孔

1) 钻孔后需铰孔时,应留合理的铰削余量。

2) 在钻床上铰孔时,要适当选择切削速度和进给量。

3) 铰孔时,铰刀不许倒转。

4) 铰孔完成后,必须先把铰刀退出,再停机。

4. 麻花钻的刃磨

1) 麻花钻主切削刃外缘处的后角一般为 8° ~ 12°,钻硬质材料时,为保证刀具强度,后角可适当小些,钻软质材料(黄铜除外)时,后角可稍大些。

2) 磨顶角时,一般磨成 118°,顶角必须与钻头轴线对称,两切削刃要长度一致。

(三)钳工加工通用工艺守则

1. 台虎钳的使用

1) 使用台虎钳夹持工件已加工面时,需垫铜、铝等软材料的垫板;夹持非铁金属或玻璃等工件时,则需加木板、橡胶垫等;夹持圆形薄壁件需用 V 形或弧形垫块。

2) 夹紧工件时,不许用锤子敲打手柄。

2. 錾削

1) 錾削时,錾刃应经常保持锋利,錾子楔角应根据被錾削的材料按表 10-1 选择。

表 10-1   楔角的选择

工件材料	低碳钢	中碳钢	非铁金属
錾子楔角	50° ~ 60°	60° ~ 70°	30° ~ 50°

2）錾削脆性材料时，应从两端向中间錾削。

3. 锯削

1）锯条安装的松紧程度要适当。

2）工件的锯削部位，装夹时应尽量靠近钳口，防止振动。

3）锯削薄壁管件，必须选用细齿锯条，锯薄板件，除选用细齿锯条外，薄板两侧必须加木板，而且在锯削时锯条相对工件的倾斜角应小于或等于45°。

4. 锉削

1）根据工件材质选用锉刀：非铁金属件应选用单齿纹锉刀；钢铁件应选用双齿纹锉刀，不得混用。

2）根据工件加工余量、精度或表面粗糙度，按表10-2选择锉刀。

表 10-2 加工余量的选择

锉 刀	适用条件		
	加工余量/mm	尺寸精度/mm	表面粗糙度 R_a/μm
粗齿锉	0.5 ~ 2	0.2 ~ 0.5	100 ~ 25
中齿锉	0.2 ~ 0.5	0.05 ~ 0.2	12.5 ~ 6.3
细齿锉	0.05 ~ 0.2	0.01 ~ 0.05	6.3 ~ 3.2

3）不得用一般锉刀锉削带有氧化皮的毛坯及工件淬火表面。

4）锉刀不得粘油，若锉刀齿面有油渍，可用煤油或清洗剂清洗后再用。

5. 攻螺纹

1）丝锥切入工件时，应保证丝锥轴线对孔端面的垂直度。

2）攻螺纹时，应勤倒转，必要时退出丝锥，清除切屑。

3）根据工件的材料合理选用润滑剂。

6. 铰削

1）手铰孔时用力要均衡，铰刀退出时必须正转不得反转。

2）机铰孔见 JB/T 9168.5。

3）在铰孔时应根据工件材料和孔的表面粗糙度要求，合理选用润滑剂。

7. 研磨

研磨前，应根据工件材料及加工要求，选好磨料种类和粒度。

十一、质 量 管 理

（一）质量管理常识

质量管理是企业为保证和提高产品、技术或服务的质量达到满足市场和客户的需求，所进行的质量调查、确定质量目标、计划、组织、控制、协调和信息反馈等一系列经营管理活动。质量管理的主要内容有岗位的质量要求、质量目标、质量保证措施和质量责任等。质量管理是企业经营管理的一个重要内容，是关系到企业生存和发展的重要问题，也可以说是企业的生命线。

1. 企业的质量方针

企业的质量方针是由企业的最高管理者正式发布的企业全面的质量宗旨和质量方向，是企业总方针的重要组成部分。企业的质量方针是每个员工、每名实习学生必须熟记并在工作中认真贯彻的质量准则。

1）要以企业的质量方针为宗旨，全面完成本岗位的质量目标。

2）要把个人的工作岗位作为实现企业质量方针的一个环节，做好与上下工序之间的衔接配合，为全面实现企业质量方针作出自己的贡献。

3）要精益求精，在工作中不断进行改善，努力提高产品和工作（服务）的质量，实现企业的质量宗旨，满足市场和客户的需求。

2. 岗位的质量要求

岗位的质量要求是企业根据对产品、技术或服务最终的质量要求和本身的条件，对各个岗位质量工作提出的具体要求，一般体现在各岗位的作业指导书或

工艺规程中，包括操作程序、工作内容、工艺规程、参数控制、工序的质量指标、各项质量记录等。岗位的质量要求是每个员工、每名实习学生都必须做到的最基本的岗位工作职责。

3. 岗位的质量保证措施与责任

岗位的质量保证措施与责任是为实现各个岗位的质量要求采取的具体措施与方法。主要有以下三个方面的内容：

1）要有明确的岗位责任制度，按作业指导书或工艺规程的规定完成岗位工作，明确岗位工作的质量标准以及上下工序之间、不同班次之间对相应的质量问题的责任、处理方法和权限。

2）要经常通过对本岗位产生的质量问题进行统计与分析等活动，采用排列图、因果图和对策表等数理统计方法，提出解决这些问题的办法与措施，必要时通过咨询专家来改进岗位的工作，如取得明显的效果，可在报上级批准后，将改进后的工作方法编入作业指导书或工艺规程，进一步规范和提高岗位的工作质量。

3）要加强对员工、实习学生的质量培训工作，提高员工、实习学生的质量观念和质量意识，并针对岗位工作的特点，进行保证质量方面的方法与技能的学习和培训，提升操作者的技术水平，以提高产品、技术或服务的质量水平。

（二）企业产品的质量观

企业产品质量就是用户对企业产品的满意度。因此，衡量产品质量的唯一标准就是用户。"让每一个用户满意"的质量观，是符合市场经济的客观规律的。其内涵是：大多数用户满意不行，99％的用户满意也不行，必须是每一个用户都满意，这是用户至上的最高标准。

1. 用户的两层含义

1）市场上使用企业产品的消费者，是企业赖以生存和发展的基础。让市场上的每一个用户都满意，就是要为他们提供满意的产品，提供满意的服务。

2）企业内部的用户，即下道工序就是上道工序的用户，上道工序就是要为下道工序创造满意的产品或服务。

2. 企业产品质量观的核心

企业产品质量观的核心是"每一个用户"，每一个用户都具有"滚雪球效应"，既是现实用户，又同时是一个潜在用户群。尤其是在当今信息传递更加顺畅、更加频繁的环境下，用户对产品的满意与否的影响范围比过去更大、更广，影响速度更快。市场上的每一个用户都是一个"雪球"的核，他对企业产品的满意认同就能产生出个人需求力和购买力，同时，他也可以影响周围的消费者，以他为核心滚出一个巨大的用户球来。反之，如果他对你的产品不认可不接纳，也能影响一大群人。因此，可以说：1% 的不合格产品，在市场上就等于 100% 的废品。

每一个用户都是企业产品和服务质量的评判员。企业产品质量好坏的标准不是由企业自己定的，而是用户说了算。所以，用户就是企业产品最好的推销员；是影响企业形象最有说服力的宣传员；是促进企业创新经营、管理、技术、产品的引导者和推动者。用户的投诉可以成为企业改进产品和服务质量需要分析的数据和参考信息，用户的现实需求和潜在需求是企业研发新产品的方向。

3. 内部用户链

内部用户链向市场终端用户传递"满意""内部用户链"，就是指从企业内部实行上道工序为下道工序创造满意的产品或服务，并把这种内部用户的满意延伸到市场用户满意的链式管理。

内部用户链具有两个明显的特点:

(1) 目的的直接性,即用户链上每一个链环的目标就是要最大限度地为下一个链节创造"满意",以提高市场终端客户的满意度,从而化潜在市场为现实市场,创造更多的新客户群。内部用户链上的每一环节都要为下一个环节实现零缺陷产品、零缺陷工作、零缺陷服务。环环相扣,使这个链条的运行达到最佳状态。通过每个链把每一个员工、每一名实习学生、每一道工序、每一个部门与市场终端户连在一起,让每一个用户满意。

(2) 不可逆性,即其方向只能是上工序为下工序负责,提供优质的服务,创造满意,而绝不能颠倒成下工序为上工序服务。这一特征必然使企业内部改变过去部门与部门之间、机关与基层之间、工序与工序之间呈现出的求与被求、推诿扯皮的非良性工作关系,而建立起严格、明确的服务与被服务的良性工作关系,在每个环节中,都体现一个共同的质量、质量精神、质量价值观和质量形象。

企业产品质量体现的是企业产品和服务对顾客应负的责任;它是靠高素质员工、实习学生的人品来实现的,是以技术标准、工作纪律、操作规范等铁的生产纪律为保证的;而质量的最终衡量标准则是市场。没有质量就没有用户,没有用户就没有市场,在市场经济竞争中,市场竞争的焦点是以质量赢得用户,只有用户才是企业生存之根本。

(三) 汽车配件质量常用检查方法

1. 四法

(1) 检视法 可从以下四个方面进行检视:

1) 表面硬度是否达标。

2) 结合部位是否平整。

3) 几何尺寸有无变形。

4）总成部件有无缺件，转动部件是否灵活，装配记号是否清晰，接合零件有无松动，配合表面有无磨损。

（2）敲击法　判定汽车配件的材质是否有裂纹，材质是否优良可用小锤子轻轻敲击并听其声音；敲击时汽车配件发出清脆的金属声音，说明汽车配件材质良好。使用浸油锤击是一种检测汽车配件隐蔽裂纹最简便的方法。

（3）比较法　用标准零件与被检测汽车配件做比较，可直接鉴别出被检测汽车配件的品质。

（4）测量法

1）检查结合平面的翘曲。检查时，应按照纵向、横向、斜向等各方向测量。

2）检查轴类零件。

①检查弯曲。用指示表进行测量。

②测量曲轴轴颈尺寸的误差。一般使用外径千分尺测量轴颈尺寸，除测量轴颈的外径尺寸外，还需测量其圆度和圆柱度。

3）检验滚动轴承的轴向间隙和径向间隙，通常有两种方法。

①用仪器设备进行检查，如图 11-1 ~ 图 11-3 所示。

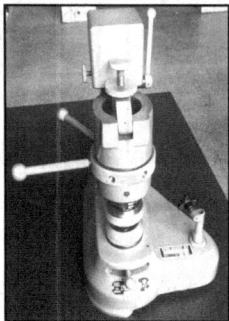

图 11-1　轴承简易检查仪

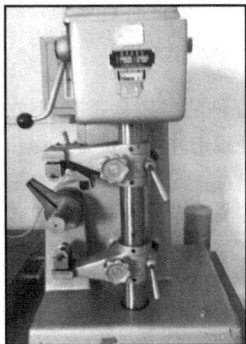

**图 11-2　轴承机械式
检查仪**

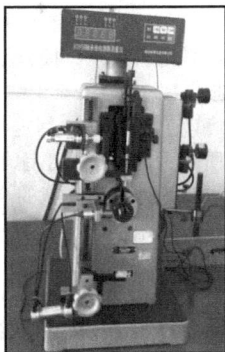

**图 11-3　轴承气动
检查仪**

②用常规方法检查,如图 11-4 ~ 图 11-8 所示。

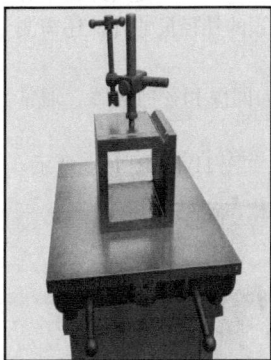

**图 11-4　检查用的
基本量具**

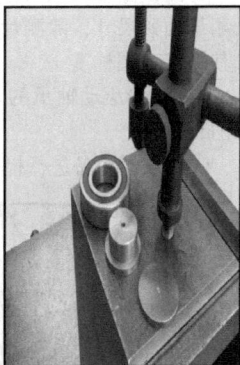

**图 11-5　轴承及
上、下垫块**

4) 检验螺旋弹簧。弹簧弹力的大小可用弹簧试验器检测,弹簧歪斜可用直角尺检查。

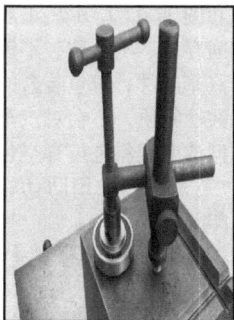

图 11-6　轴承内圈
被压住

图 11-7　检查轴承的
径向间隙

2. 五看

（1）看商标　看商标，查厂名、厂址、条码信息、防伪标记。凡是正规、名牌厂商在汽车配件表面上专门烙有自己的商标、图案、硬印或化学印记，以注明汽车配件的编号、型号、出厂日期；在制作标记上，采用激光打印；标记的字母排列整齐、有序，字迹清晰、清楚，如图 11-9 所示。

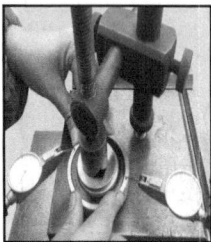

图 11-8　检查轴承的
轴向间隙

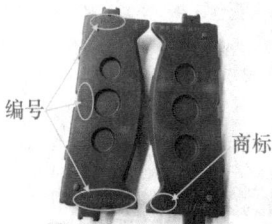

图 11-9　汽车配件
上的标示

（2）看包装　内、外包装是否精致、正规，包装的密封程度是否严密，也是区别正规厂商和非正规

厂商的方法之一,如图 11-10 和图 11-11 所示。正规厂商为了使汽车配件能够长时间存放、不变质、不锈蚀,会使用低度酸性油脂涂抹汽车配件,对包装盒的要求也十分严格,要求使用无酸性物质,不会对汽车配件产生化学反应,并采用硬型透明塑料进行真空包装。在汽车配件的包装箱、包装盒上,采用防伪标记,常用的有激光、条码、暗印等。

**图 11-10　汽车配件
的外包装**

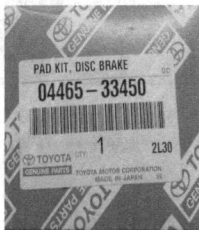

**图 11-11　外包装编号
及条码**

(3)看文件资料　查看汽车配件的产品说明书,按照规范要求,每种、每个汽车配件都应配上一份标准的产品说明书,如图 11-12 所示。

图 11-12　汽车配件的说明书

(4)看表面处理　鉴别汽车配件,可以通过查

看汽车配件的表面处理（电镀、涂装、点焊、高频、表面处理）品质就能进行细节区分；凡是表面处理水平高、做工细腻的汽车配件，基本上是正规生产厂商的产品，如图 11-13 所示。

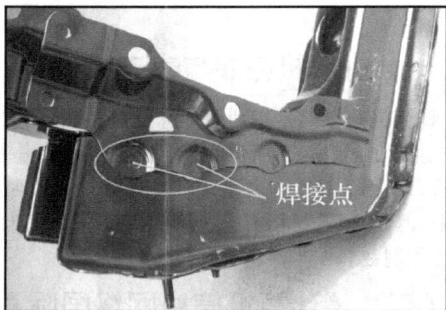

图 11-13　汽车配件的焊接处

　　（5）看非配合表面是否留有伤痕或划伤　从汽车配件非配合面的伤痕，是分辨正规厂商与非正规厂商生产的汽车配件的明显标志之一；高品质、高质量正规厂商生产的汽车配件是依靠精密的工艺装备、先进的工艺流程、严格精准的检测手段作为产品质量的保障；因此，凡是高品质的正规厂商生产的汽车配件在制造、装配、清洗、包装的各个环节都必须严格管理，杜绝在汽车配件非配合面留下任何伤痕或划伤。

十二、信 息 安 全

（一）计算机犯罪与违法

"计算机犯罪"是指利用计算机或针对计算机资产实施犯罪的行为。计算机犯罪的主体只能是行为人。所有利用计算机信息系统及互联网从事活动的组织和个人都不得进行相关的违法犯罪活动，否则必将受到法律制裁。

（二）《计算机信息网络国际互联网安全保护办法》的有关规定

第四条规定，任何单位和个人不得利用国际互联网危害国家安全、泄露国家秘密，不得侵犯国家的、社会的、集体的利益和公民的合法权益，不得从事违法犯罪活动。

第五条规定，任何单位和个人不得利用国际互联网制作、复制、查阅和传播下列信息：

1）煽动抗拒、破坏宪法和法律、行政法规实施的。

2）煽动颠覆国家政权，推翻社会主义制度的。

3）煽动分裂国家、破坏国家统一的。

4）煽动民族仇恨、民族歧视，破坏民族团结的。

5）捏造或者歪曲事实，散布谣言，扰乱社会秩序的。

6）宣传封建迷信、淫秽、色情、赌博、暴力、凶杀、恐怖、教唆犯罪的。

7）公然侮辱他人或者捏造事实诽谤他人的。

8）损害国家机关信誉的。

9）其他违反宪法和法律、行政法规的。

第六条规定，任何单位和个人不得从事下列危害计算机信息网络安全的活动：

1）未经允许进入计算机信息网络或者使用计算机信息网络资源的。

2）未经允许时入计算机信息网络功能进行删除、修改或者增加的。

3）未经允许，对计算机信息网络中存储、处理或者传输的数据和应用程序进行删除、修改或者增加的。

4）故意制作、传播计算机病毒等破坏性程序的。

5）其他危害计算机信息网络安全的。

（三）实习学生必须遵守的法律规定

1）遵守《中华人民共和国计算机信息系统安全保护条例》，禁止侵犯计算机软件著作权。

2）任何组织或者个人，不得利用计算机信息系统从事危害国家利益、集体利益和公民合法权益的活动，不得危害计算机信息系统的安全。

3）计算机信息网络直接进行国际联网，必须使用工业和信息化部国家公用电信网络提供的国际入口信道。任何单位和个人不得自行建立或者使用其他信道进行国际联网。

4）从事国际联网的单位和个人，应当遵守国家有关法律、行政法规，严格执行安全保密制度，不得利用国际联网从事危害国家安全、泄露国家秘密等违法犯罪活动，不得制作、查阅、复制和传播妨碍社会治安的信息和淫秽色情等信息。

5）任何组织和个人，不得利用计算机国际联网从事危害国家安全、泄露国家秘密等犯罪活动；不得

利用计算机国际联网查阅、复制、制造和传播危害国家安全、妨碍社会治安和淫秽色情的信息。发现上述违法犯罪行为和有害信息，应及时向有关主管机关报告。

6）任何组织和个人，不得利用计算机国际联网从事危害他人信息系统和网络安全，侵犯他人合法权益的活动。

7）国际联网用户应当服从接入单位的管理，遵守用户守则；不得擅自进入未经许可的计算机系统，篡改他人信息；不得在网络上散发恶意信息和冒用他人名义发出信息；不得侵犯他人隐私；不得制造、传播计算机病毒及从事其他侵犯网络和他人合法权益的活动。

8）任何单位和个人发现计算机信息系统泄露后，应及时采取补救措施，并按有关规定及时向上级报告。

（四）讲网德、守网法

1）每个实习学生都必须认识到，利用计算机进行的违法犯罪活动是严重危害社会的行为，是法律严厉禁止的行为，会受到法律的严厉制裁。

2）实习学生要讲究社会公德和 IT 职业道德，要用掌握的计算机知识技术服务社会、造福社会、不要滥用智商和青春从事危害国家利益、集体利益和公民合法利益的活动，不要以任何目的危害计算机信息系统安全。

3）要尊重他人的知识产权和通信自由，不要进行网上侵权活动。

4）要尊重公民的个人隐私权，不要进行电子骚扰或网络性骚扰。

5）不要做"黑客"，也不要做"黄客"（沉迷在淫秽信息中的人）。法律禁止利用互联网查阅、复

制、制作和传播宣扬封建迷信、淫秽色情、赌博、暴力、凶杀、恐怖、教唆犯罪的信息。

6）要做诚实的互联网用户。不要制作、传播谣言虚假信息或搞恶作剧愚弄他人，扰乱社会秩序。

7）要珍惜匿名权，要做文明的"网民"和聊天客，不要因为以虚拟的身份进入虚拟社会就肆意妄为、无法无天、胡言乱语。

8）要慎独慎微，不要因为独自操纵一台计算机就放松遵纪守法意识，勿以恶小而为之。无视社会公德，降低个人道德水平。

十三、保密安全

（一）国家保密知识

1. 国家秘密

《保密法》第二条对国家秘密的定义作了明确的表述："国家秘密是关系到国家的安全和利益，依照法定程序确定，在一定时间内只限于一定范围的人员知悉的事项。"

2. 国家秘密的密级及区分密级的标准

《保密法》第九条规定，国家秘密的密级分为"绝密"、"机密"、"秘密"三级。这一条原则规定了区分三个密级的标准。"绝密"是最重要的国家秘密，泄露会使国家的安全和利益遭受特别严重的损害；"机密"是重要的国家秘密，泄露会使国家的安全和利益遭受严重的损害；"秘密"是一般的国家秘密，泄露会使国家的安全和利益遭受损害。国家保密局会同中央国家机关各部门制定的国家秘密及其密级具体范围的规定，则是确定各类国家秘密事项密级的具体标准。

3. 各机关、单位确定国家秘密事项密级的规定

《保密法》及其实施办法规定，各级国家机关、单位对所产生的国家秘密事项，应当按照国家秘密及其密级具体范围的规定"对号入座"，及时确定密级，最迟不得超过 10 日。

4. 国家秘密事项保密期限的确定

根据《国家秘密保密期限的规定》，各机关、单

位在依照国家秘密及其密级具体范围的规定确定国家秘密事项的密级时，应当同时确定保密期限。国家秘密的保密期限，除有特殊规定外，绝密级事项不超过30年，机密级事项不超过20年，秘密级事项不超过10年。保密期限在1年及1年以上的，以年计；保密期限在1年以内的，以月计。

5. 发现国家秘密可能泄露或者已经泄露时应采取的措施

国家工作人员或其他公民发现国家秘密可能泄露或者已经泄露时，应当予以制止或采取以下措施：

1）拾得他人遗失的国家秘密文件、资料等，及时送交本单位保密组织、当地保密工作部门或者当地公安机关。

2）发现他人出售或者收购国家秘密文件、资料等，进行制止，并报告当地保密工作部门或者保密组织。

3）发现他人在不适当的场合传播、议论国家秘密时，立即劝阻。

4）发现盗窃国家秘密文件、资料等，将行为人连同物证一并送交当地公安机关，或者向当地公安机关举报。

6. 个人发生泄密事件或者案件时应采取的措施

个人发生泄密事件或者案件时，责任者本人应当采取以下措施：

1）立即将事件的具体情节如实报告本单位保密组织；需由公安机关破案的，要同时向发案地点的公安机关报案。

2）立即采取补救措施，避免或者减轻损害后果。

7. 各机关、单位发生泄密事件或者案件时，应采取的措施

各机关、单位发生泄密事件或者案件时，应采取以下措施：

1）在事发后立即向同级政府保密工作部门报告，最迟不超过24h；需由公安机关破案的，要同时报告当地公安机关。

2）迅速查明被泄露的国家秘密的内容和密级、已经造成或者可能造成的危害程度、事件的主要情节和有关责任者应负的责任。

3）及时采取补救措施，避免或者减轻损害后果。

4）对责任者作出适当处理。

8. 违反《保密法》造成泄密应负的法律责任

《保密法》第四章法律责任和新《刑法》规定：

1）违反《保密法》规定，故意或者过失泄露国家秘密，情节严重的，处3年以下有期徒刑或者拘役；情节特别严重的，处3年以上7年以下有期徒刑。

2）为境外的机构、组织、人员窃取、刺探、收买、非法提供国家秘密或者情报的，处5年以上10年以下有期徒刑；情节特别严重的，处10年以上有期徒刑或者无期徒刑；情节较轻的，处5年以下有期徒刑、拘役、管制或者剥夺政治权利。

3）违反《保密法》规定，泄露国家秘密，不够刑事处罚的，可以酌情给予行政处分。

（二）涉密人员办公"六禁止"

1）禁止私自在机关、单位登录互联网。
2）禁止在家用计算机处理涉密信息。

3）禁止涉密网与互联网连接或在连接互联网计算机处理涉密信息。

4）禁止私自留存涉密计算机、涉密移动存储介质或涉密文件资料。

5）禁止涉密计算机与非涉密计算机之间交叉使用移动存储介质。

6）禁止擅自对外披露单位涉密信息和内部信息。

（三）涉密人员保密行为"十不准"

1）不准将工作中知悉的国家秘密泄露给无关人员。

2）不准将涉密计算机或涉密移动介质接入互联网。

3）不准用非涉密计算机、传真机处理传输国家秘密。

4）不准用非保密移动电话、普通电话谈论国家秘密。

5）不准携带涉密载体回家或在家中处理国家秘密。

6）不准携带涉密载体探亲访友或至工作无关场所。

7）不准在个人著述或公开的信息中涉及国家秘密。

8）不准私自复制、留存、遗弃或向他人出借国家秘密。

9）不准私自将国家秘密带出国境或参加涉外活动。

10）不准擅自接受媒体采访或私自与境外人员交往。

十四、用 电 安 全

（一）安全用电须知

1）用电要正式申请，安装、维修要找维修电工，不准私拉乱接电线及插座和接线板。

2）安全用电，人人有责，自觉遵守安全用电规章制度，低压线路应安装触电保护器，要合理选用熔丝、熔片或熔管，严禁用铜、铝、铁丝代替。

3）不要用手触摸灯头、开关、插座以及其他设备电器金属外壳；发现有损坏、老化漏电的，要立即找维修电工修理或更换。设备电器设备的金属外壳要妥善接地。

4）不要使用不合格的灯头、灯线、开关、插座等用电设备，用电设备要保持清洁完好，灯线不要过长，也不要拉来拉去。

5）设备电器冒烟或着火时应及时切断电源开关，绝不要带电泼水救火。

（二）安全用电的原则及措施

1. 安全用电的原则

不接触低压带电体，不靠近高压带电体。

2. 安全用电常用措施

（1）相线必须进开关　相线进开关后，当开关处于分断状态时，用电器上就不带电，不但便于维修，而且可减少触电危险。

（2）合理选择照明电压　企业的照明灯具多采用悬挂式，可选用220V电压供电；实习学生、员工接触较多的机床照明灯应选36V供电；在潮湿、有

导电灰尘、有腐蚀性气体的情况下，则应选用24V、12V甚至是6V电压供照明灯具使用。

(3) 合理选择导线和熔丝　导线通过电流时，不允许过热，所以导线的额定电流应比实际供电的电流大些。熔丝的选择应适当，过大和过小都起不到相应的保护作用。

(4) 电气设备要有一定的绝缘电阻　电气设备的金属外壳和导电绕组间要有一定的绝缘电阻，否则当实习学生、员工触及正在工作的电气设备的金属外壳时就会触电。

(5) 电气设备安装要正确　电气设备要根据说明进行安装，不可马虎从事。带电部分应有防护罩，高压带电体更应有效地加以防护，使一般人无法靠近高压带电体。必要时应加联锁装置以防触电。

(6) 采用各种保护用具　保护实习学生、员工安全操作的保护用具有绝缘手套、绝缘鞋、绝缘钳、绝缘棒、绝缘垫等。

(7) 正确使用移动工具　使用手持电钻等移动电器时必须带绝缘手套，调换钻头时必须拔下插头。不允许将220V普通电灯作为手提行灯而随便移动，行灯电压应为36V或低于36V。

(8) 电气设备的保护接地和保护接零　正常情况下电气设备的金属外壳是不带电的，但绝缘损坏时，外壳就会带电。为保证人体触及漏电设备的金属外壳时不会触电，通常采用保护接地或保护接零的安全措施。

十五、环保和卫生安全

（一）环境保护法基本知识

1. 《中华人民共和国环境保护法》的地位

《中华人民共和国环境保护法》是我国环境保护的基本法。

2. 《中华人民共和国环境保护法》的任务和作用

1）我国环境保护法的基本任务：保护和改善环境，防止污染和其他公害，合理利用自然资源，维护生态平衡，保障人民健康，促进社会主义现代化的发展。

2）环境保护法的作用：为环境保护工作提供法律保障；为全体公民和企业维护自己的环境权益提供法律武器；为国家执行环境监督管理职能提供法律依据；是维护我国环境权益的重要工具；可以促进我国公民提高环境意识和环境法律观念。

3. 《中华人民共和国环境保护法》的基本原则

环境保护法的基本原则是：环境保护与社会经济协调发展的原则；预防为主、防治结合、综合治理的原则；污染者治理、开发者保护的原则；政府对环境质量负责的原则；依靠群众环境保护的原则。

4. 中国的环境标志（见图15-1）

我国环境标志图形是由青山、绿水、太阳和10个环组成。其中心结构表示人类赖以生存的环境，外

围的 10 个环紧密结合，表示公众参与，寓意为"全民联合起来，共同保护人类赖以生存的环境"。

图 15-1　中国环境标志

（二）企业环保基本知识

1. 工业企业对环境污染的防治

（1）企业噪声污染防治的途径　噪声的控制一般从声源、传播途径、接受者三个方面考虑。

1）声源控制　运转的机械设备和运输工具等是主要的噪声源，控制它们的噪声有两条途径：一是改进结构设计，提高其部件的加工精度和装配质量，采用合理的操作方法等，以降低声源的噪声发射功率；二是利用声的吸收、反射、干涉等特性，采用吸声、隔声、减振、隔振等技术以及安装消声器等，以控制声源泉的噪声辐射。

2）噪声传播途径控制　从目前科学技术水平来看，要使一切设备都做到低噪声还很难，一般需要从传播途径上加以控制，常用的方法有吸声法、隔声法、消声法、隔振法、阻尼法等。

3）接收者的防护　为了防止噪声对人的危害，可采取如下措施：耳塞、耳罩、防声盔等；减少在噪声环境中的暴露时间。

（2）防治固体废弃物污染

1）各类工业固体废弃物都要妥善处理，不得倾倒在江河湖泊水库和近岸海域，要因地制宜地加以利用，发展处理和利用固体废物的工业和行业。

2）对含有毒性、易燃性、腐蚀性和放射性的有害废弃物，首先要综合利用。凡不能利用的，应从产生、收集、储存运输、无害化处理等环节进行专门管理，不得倾入水体或混入一般的固体废弃物中。

2. 影响企业环境常用的废物

企业内常见的废物包括油漆产生的含苯物废物，以及无损检测和废水处理过程中使用的强酸和强碱类腐蚀性废物。

3. 燃烧废物、垃圾等对企业环境的危害

1）污染大气。直接燃烧由于温度低，燃烧不充分，会产生大量的颗粒物、二氧化碳、一氧化碳等污染物使得空气中烟尘、颗粒物和其他污染物的浓度急剧增加，空气质量迅速下降，不利于人体特别是燃烧者的健康，并造成酸雨等后续危害。

2）降低大气能见度，妨碍交通。

4. 企业常见的几类废水

企业目前生产废水主要分为有机废水和无机废水两大类。有机废水的主要污染因素是油类和化学需氧量（COD），无机废水的主要污染因素是酸碱物质（pH 值影响）。有机废水主要产生于各种清洗工序、油漆和荧光检测等，无机废水主要来自于无损检测中的 STI 和蓝色腐蚀检测。

5. 企业环境保护基本要求

1）要认真做好防尘防毒工作，采取综合措施，消除尘毒危害，不断改善劳动条件，保障员工、实习学生的安全健康，实现安全生产和文明生产。

2）要限制有毒有害物料的使用，防止粉尘、毒物的泄漏和扩散，保持作业场所符合国家规定的卫生

标准，应采取有效防护措施，减少人员与尘毒物料的接触；并定期进行监测和体检。

3）要根据预防为主、全面规划、因地制宜、综合治理的原则，编制防尘、防毒规划，并纳入年度安全工作计划和长远规划，综合挖潜、革新、改造、逐步消除尘毒危害。

4）凡治理技术条件不成熟的、危害性大的作业岗位，要列入科研计划，进行攻关。对长期达不到国家规定的工业卫生标准、尘毒危害严重的作业，要限期整改。经过整改，仍达不到标准者，要停产整改。

5）对有毒、有害物质的生产过程，应采用密闭的设备和隔离操作，以无毒和低毒物代替毒害大的物料，革新工艺，实现机械化、自动化、连续化生产。

6）对散发出的有害物质，应加强通风排风，采取回收利用，净化处理等措施。未经处理不得随意排放。

7）有粉尘或毒物的作业场所要及时清理、保持整洁。

8）对可能产生有毒、有害物质的工艺设备和管道，要加强维护定期检修，保持设备完好，杜绝跑、冒、滴、漏，对各种防尘、防毒设施，未经主管部门同意或报请企业主要负责人（或总工）批准，不得停用、挪用或拆除。

9）有毒、有害物质的包装，必须符合安全要求，防止泄漏扩散。

6. 中华人民共和国国家标准《汽车维修业水污染物排放标准》（GB 26877—2011）

（1）现有企业水污染物排放质量浓度限值（见表15-1）

表 15-1　现有企业水污染物排放质量浓度限值

（单位：mg/L，pH 值除外）

序号	污染物项目	限 值		污染物排放监控位置
		直接排放	间接排放	
1	pH	6 ~ 9	6 ~ 9	企业废水总排放口
2	悬浮物（SS）	30	100	
3	化学需氧量（COD）	100	300	
4	五日生化需氧量（BOD_5）	30	150	
5	石油类	5	10	
6	阴离子表面活性剂（LAS）	5	10	
7	氨氮	15	25	
8	总氮	25	30	
9	总磷	1	3	

注：1. 自 2013 年 1 月 1 日起，现有企业执行表 15-2 规定的水污染物排放限值。

2. 自 2012 年 1 月 1 日起，新建企业执行表 15-2 规定的水污染物排放限值。

（2）新建企业水污染物排放质量浓度限值（见表 15-2）

表 15-2　新建企业水污染物排放质量浓度限值

（单位：mg/L，pH 值除外）

序号	污染物项目	限 值		污染物排放监控位置
		直接排放	间接排放	
1	pH	6 ~ 9	6 ~ 9	企业废水总排放口
2	悬浮物（SS）	20	100	
3	化学需氧量（COD）	60	300	

（续）

序号	污染物项目	限 值		污染物排放监控位置
		直接排放	间接排放	
4	五日生化需氧量（BOD$_5$）	20	150	企业废水总排放口
5	石油类	3	10	
6	阴离子表面活性剂（LAS）	3	10	
7	氨氮	10	25	
8	总氮	20	30	
9	总磷	0.5	3	

（3）水污染物特别排放质量浓度限值（见表15-3）

表15-3　水污染物特别排放质量浓度限值
（单位：mg/L，pH 值除外）

序号	污染物项目	限 值		污染物排放监控位置
		直接排放	间接排放	
1	pH	6～9	6～9	企业废水总排放口
2	悬浮物（SS）	10	20	
3	化学需氧量（COD）	50	60	
4	五日生化需氧量（BOD$_5$）	10	20	
5	石油类	1	3	
6	阴离子表面活性剂（LAS）	1	3	
7	氨氮	5	10	
8	总氮	15	20	
9	总磷	0.5	0.5	

7. 中华人民共和国国家标准《环境空气质量标准》(GB 3095—2012)中的PM2.5

(1) PM2.5简介　2012年2月,国务院同意发布新修订的《环境空气质量标准》增加了PM2.5监测指标;PM2.5是指大气中直径小于或等于2.5微米的颗粒物,也称为可入肺颗粒物。它的直径还不到人的头发丝粗细的1/20;PM2.5的粒径小,富含大量的有毒、有害物质,且在大气中的停留时间长、输送距离远,被称为大气污染的元凶。到2010年底为止,除美国和欧盟一些国家将PM2.5纳入国标并进行强制性限制外,世界上大部分国家都还未开展对PM2.5的监测,仅对PM10进行监测,世界卫生组织(WHO)于2005年在《世界卫生组织空气质量准则》中提出了PM2.5的指导限值。

(2) PM2.5主要来源　"城市越是拥堵,机动车排放的PM2.5总量就会越多。"无论是汽油车还是柴油车,在使用的过程中,都会产生PM2.5,且柴油车产生的PM2.5要更多一些。同时,汽车尾气中的一些气态污染物,也会二次转化为细颗粒物。另外,机动车排放的PM2.5浓度,不但取决于机动车本身的排放标准,燃油标准也是重要因素。

(3) PM2.5的防治　2013年,北京将率先进入"国标Ⅴ"时代,不仅是机动车,还包括车用燃油,这对于氮氧化物和PM2.5减排具有重要意义。到2011年年底,我国机动车保有量达2.25亿辆,巨大保有量的背后是日益严重的机动车尾气污染。环境保护部发布的2011年《中国机动车污染防治年报》显示,机动车污染已经是大气环境污染治理最突出、最紧迫的问题。全国即将实施的汽油"国标Ⅳ"标准规定,硫的质量分数不超过$150 \times 10^{-4}\%$,柴油硫的质量分数不超过$350 \times 10^{-4}\%$。但是欧盟的"欧标Ⅵ"标准,已经将汽油、柴油硫的质量分数降至10

$\times 10^{-4}\%$，美国略高，也仅在 $30 \times 10^{-4}\%$；按照我国《重点区域大气污染防治"十二五"规划》，2013年12月31日前将全面供应"国标Ⅳ"车用汽油，2014年12月31日供应"国标Ⅳ"车用柴油。"国标Ⅳ"机动车车用柴油硫的质量分数控制在 $50 \times 10^{-4}\%$ 以下的标准，仍是欧盟标准的5倍，所以提升机动车的车用油的标准还需要进一步努力。

（三）环保标志

1. 机动车环保标志

我国机动车环保标志最早是由北京市环保部门开始实施的，发放时间是在1999年1月1日，对于符合、达到《北京市轻型汽车排气污染物排放标准》的机动车，发放"绿色环保标志"，现在已经在全国实施。机动车绿色环保标志分为两种：

（1）黄标　挂黄标的机动车，表示机动车的尾气排放达不到国家规定的尾气排放标准。

（2）绿标　挂绿标的机动车，表示机动车的尾气排放达到了国家规定的尾气排放标准，2012年机动车绿色环保标志，如图15-2所示。

图 15-2　2012 年机动车绿色环保标志

2. 环境保护标志

（1）环境保护标志含义（见表15-4）。

表 15-4　环境保护标志含义

标志类型	形状	背景颜色	图形颜色
警告标志	三角形边框	黄色	黑色
提示标志	正方形边框	绿色	白色

（2）环境保护标志（见封二）

（四）汽车排放

汽车排放是指从废气中排出的 CO（一氧化碳）、HC + NOx（碳氢化合物和氮氧化物）、PM（微粒、碳烟）等有害气体。汽车排放标准是为了抑制汽车排放有害气体而制定的，促使汽车生产厂商注重产品技术的改进。世界上已经有许多国家制定了相关汽车环保排放标准，国际主流的汽车排放标准有欧、美、日三大体系，其中应用最为广泛的欧洲标准就是我国借鉴的汽车排放标准的参照标准。

与国外先进国家相比，中国汽车尾气排放法规起步较晚、水平较低，1983 年中国颁布了第一批机动车尾气污染控制排放标准；1989 ~ 1993 年相继颁布了《轻型汽车排气污染物排放标准》、《车用汽油机排气污染物排放标准》两个限值标准和《轻型汽车排气污染物测量方法》、《车用汽油机排气污染物测量方法》测量方法标准，此时的标准仅相当于欧洲 20 世纪 70 年代末的水平；2000 年起全国实施国家标准《汽车排放污染物限值及测试方法》（GB 14761—1999），使我国汽车尾气排放标准达到国外 20 世纪 90 年代初的水平；2001 年国家环保总局启动了相当于欧Ⅲ标准的中国标准制定，其中轻型汽车污染物排放限值及测量方法修改，采用的是欧洲标准；欧Ⅲ标准是指国际上汽车尾气排放的测试标准。7 辆执

行欧Ⅱ标准的汽车，相当于 1 辆化油器车的污染物排放量；14 辆执行欧Ⅲ标准的汽车，才相当于 1 辆化油器车的污染物排放量；与欧Ⅱ相比，欧Ⅲ排放标准中最大的变化在于：汽车出厂前，必须装配核心组件，即车载自诊断系统（OBD）。该系统特点在于，检测点增多、检测系统增多，在三元催化转化器的进出口上都有氧传感器。完全通过实时监控汽车排放来控制达标，可以严格保证达到欧Ⅲ排放标准。

（五）洗手卫生

工作、实习中手与产品或物品接触最多，手是传染疾病的主要途径，把住洗手关是保障操作者身体健康的重要环节，科学、高效的洗手方法是一种花钱最少、见效最明显的职业病卫生健康防护方法；"六步洗手法"就是一种最简单、最有效、最规范的洗手方法。"六步洗手法"如图 15-3 所示。

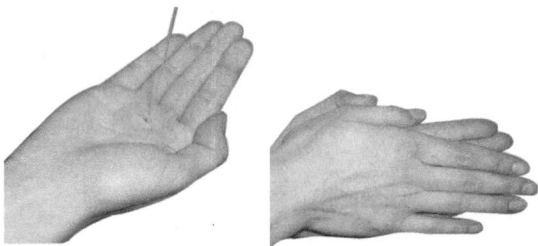

a) 第一步：取适量的　　　b) 第二步：双手掌心
　　皂液于掌心　　　　　　　相对摩擦

图 15-3　六步洗手法

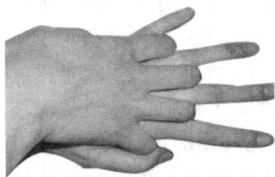

c) 第三步：双手掌心向下相叠，
十指交叉，摩擦指缝和手背；
双手位置交换

d) 第四步：十指相握，
相对摩擦指尖和甲沟

e) 第五步：一只手握对侧手
拇指摩擦，再交换

f) 第六步：一只手摩擦
对侧手腕，再交换

图 15-3   六步洗手法（续）

十六、交 通 安 全

（一）步行安全

步行是人类最基本的、比较安全的一种交通方式，但在企业内行走时，绝不能因此而麻痹大意，忽视它不安全的一面，以免意外事故发生。

1）注意遵守行走规则，不抢道、抢行，以免发生危险。横穿马路、铁路时，要走人行专道（白色斑马线、地下通道和天桥），遇到十字路时，要做到"一站、二看、三通过"，充分发挥自己视觉、听觉的作用，真正做到"眼观六路，耳听八方"，千万不要只看到一边无车便贸然行走。

2）在企业内，要注意各种标志信号，不准到危险区域去。对标有"禁止通行"、"危险"字样的区域，千万不能漫不经心，做到行其所应行，有禁令必止，不准跨越"禁止通行"的栏杆。在企业夜行或上夜班时，最好备一个手电筒用以行走照明。

3）行走需要提防跌伤与扭伤，尤其是在冬季，路面有冰雪时，防止摔伤显得尤为重要。

4）多人在企业通道步行时，千万不能打闹、拉扯或勾肩搭背，在企业上、下班拥挤的时候，尤其不宜在通道上久留，不宜好奇围观突发的争吵。

5）步行时，要靠道路两边行走，横过道路时应注意两头来往车辆，并主动避让，不得争先抢道，以确保安全。

6）不准追车、爬车或跳车。

7）遵守企业交通安全管理的规定，服从企业交通安全管理。

8）听到起重机上铃响或汽车、电瓶车、机车鸣喇叭时，要马上躲开让路，乘车时，不准在车辆行驶中爬上跳下。

9）不要在高空作业场所及吊重物的起重机下面通过、停留或工作，必要时应采取相应的安全措施。

（二）骑车安全

1）骑车者必须遵守国家交通管理规则。

2）不准打伞骑车，不准双手离把或扶肩并行，不准骑车时相互追逐或曲线行驶，不准攀扶机动车行驶，不准在车间内骑车，严禁高速溜坡，自行车应统一停放在企业的停车棚内；生产实习现场严禁停放单车和轻便摩托车。

3）自行车的车闸、车铃应完好、安全、有效。

4）骑车时要注意靠边，转弯示意，做到车况好、制动灵、车速适中，并有意识地把自行车的车垫放到自己一条腿能够得着地的高度，可减少或避免骑车中的安全事故。

（三）驾驶安全

1）汽车驾驶人必须经公安部门考试合格，并持有驾驶执照者，才能从事汽车驾驶工作。

2）汽车驾驶人必须严格自觉遵守交通规则和安全技术操作规程，服从交通安全管理人员指挥。

3）不得驾驶与证件规定不相符合的车辆，驾驶室严禁超坐，严禁酒后开车、无证开车，驾驶车辆时应集中精力、谨慎驾驶，开车时不准吸烟、闲谈和吃食物，不准穿拖鞋开车，不得将车交给无证人驾驶，做到文明行车。

4）车辆的安全技术状况应保持警惕良好，特别是制动、转向、灯光和信号装置应完好无损，操作灵敏、安全可靠，车容整洁，牌号字迹清晰。

5）在企业内汽车、机动车行驶速度，最高时速不得超过20km/h，通过道口、出入厂房时速不得超过5km/h，并应加强瞭望，做到"一看、二慢、三通过"，在行车中应保持"宁停三分，不抢一秒"的安全要求，通过弯道和视线不良地段应减速鸣喇叭，不得与火车冒险抢道，以防事故。

6）企业内上班前15min，下班后15min之内，禁止车辆通行，以保证员工、实习学生上、下班安全。

7）企业内严禁使用高音喇叭，车辆的消声装置应完好有效，符合国家标准。凡大量排放浓烟、废气的车辆，应进行修理调整，符合国家标准，以免污染空气。

8）车辆装载货物应捆扎牢固，不得客货混装，不得超载，随车装卸人员要选好安全地方坐（站）稳，防止紧急制动时摔倒擦伤或被树枝碰撞受伤。

9）凡装运超高、超长、超宽的货物应按规定执行，其宽度不得超出车箱两边20cm，高度从地面算起不得超过4m，长度前后不得超过2m，超过部分不得触及地面，如遇特殊、超长、超高物资，需报有关部门批准，派专人维护安全，并在指定时间和行车路线上通过，超长物资头尾应有醒目的红色布条标记。凡装运危险物品、易燃易爆应遵守危险品装运规定。

10）所有运输机械，都必须喷上企业名称和设备编号，保证车容整洁。

11）装载货物应捆拴牢固。货上不准坐人。装运散装物资（如河沙、石灰、水泥、卵石、切屑等），不得撒落在企业内道路上，否则按企业规定处理。

12）通过道口要加强瞭望，做到"一慢、二看、三通过"，不得抢道。

13）各种运输车辆不得乱停、乱放，影响交通和

妨碍企业形象。

14)企业的窄路、交叉路口、消火栓等处不准停放车辆,以免堵塞交通和影响消防工作。

15)各种车辆在企业内发生交通事故时,驾驶人应立即停机,保护好现场,抢救伤者,并及时报告本单位领导和安全管理部门处理,不准破坏现场。

16)企业内道路严禁从事学习车辆驾驶,私人车辆原则上不准进企业。

17)外单位来企业的车辆也亦应遵守本企业交通安全的规定。

(四)确保交通安全的措施

1)企业现场的人流、物流要进行严格的科学控制,其交通要实行规范化管理。

①在车间或岗位现场,从平面空间到立体空间,其使用的工具、设备、材料、工件等的位置要进行规范、文明管理,要进行科学物流设计。

②对企业员工、实习学生的行动要进行区域限制性的管理,通常分为三种区域:红色区域——禁止区域,是指有危险或危害;黄色区域——警告区域,其间有一定的危险性,必要进入时,要特别注意或采取必要的防范措施;绿色区域——安全区域,员工、实习学生可以自由进入,有危险的物流要避免进入绿色区域。

2)应保持企业内道路及车间交通畅通无阻,道路上不准堆放东西,各种物资要摆放在指定地点,并要牢固、整齐,不得影响企业交通。

3)企业内坑、井、池、沟、平台或露天变压器等危险区域须有坚固的围栏或盖板。

(五)企业车辆安全"十不准"

1)不准超速行驶,不准酒后驾车。

2）不准无证开机或学习、实习司机单独驾驶。

3）不准空挡溜坡或采用直接供油。

4）不准人货混载、超限装载或驾驶室超员。

5）不准违反规定装运危险物品。

6）不准迫使、纵容驾驶人违章开车。

7）不准车辆带病行驶或私自开车。

8）不准非机动车辆或行人在机动车临近时，突然横穿马路。

9）不准起重机、叉车、电瓶车等工程车辆违章载人行驶或作业。

10）试车时，必须挂试车牌照，不准在非试车区域内试车。

十七、消防安全

火，在人类文明史上曾起了重要作用，人类钻木取火的成功标志着人类掌握了支配自然的一种能力，使人类的文明进程大大加快了。至今，我们的生产和生活仍然离不开火。火给人类带来了光明和温暖，带来了健康和智慧，带来了文明和发展。但是，失去控制的火又能成为一种具有很大破坏力的灾害，给人类的生命和企业造成极大的威胁和伤害。

（一）消防工作的方针及预防措施

1. 我国消防工作的方针

我国消防工作的方针是"预防为主，防消结合"。火灾是可以预防的，"预防为主"就是要把预防火灾放在消防工作的首位。

2. 火灾预防措施

1）健全消防组织，制订消防安全制度，分解、落实消防安全责任。

2）明确各职业安全操作的规范，对操作人员定期进行安全培训、教育，确保消防安全。

3）定期组织消防演练。

4）配齐消防设施和器材。

5）定期进行消防安全检查，及时发现隐患，及时整改，不留隐患。

（二）预防火灾常识

火灾是人们共知的一种最危险的伤害人类，毁坏企业财产，造成的损失也是最大的灾害事故。引起火灾的主要因素有以下几个方面：

　　1）可燃油类及油脂。

　　2）易燃液体（挥发性的），如汽油、油漆稀释剂、乙醚等。

　　3）易燃气体，如液化气、天然气、氧气等，虽然它们一般都储存于密封钢瓶或管道系统中，但只要稍有跑漏或忘了关上开关都有可能酿成火灾。

　　4）涂装、焊接或切割作业。

　　5）用电不当，如用电超负荷、电线漏电放出电火花等。

　　大多数火灾是一连串原因造成的。掌握可能引起火灾的原因并设法消除，是预防火灾最重要的指导思想。要使火燃烧起来，燃料、热量、氧气三要素缺一不可。因此，要预防火灾，就得想办法不让这三者同时具备。

　　起火后如何将其扑灭呢？别忘了燃烧必须有三个要素，其中最主要的办法是挪走燃料，断绝着火的燃料来源，使火再没有什么可烧，从而有效地阻止火灾蔓延。通常采取使温度降至燃点以下的方法，即用水或水质灭火剂即可。可燃液体如食用油脂、油漆、汽油、酒精及其他酒类起火时，通常采用干粉灭火剂或泡沫灭火剂隔绝氧气而扑灭。带电的电气设备，如熔丝盒、烘箱、电动机、开关及其他电器起火时，必须用不导电的灭火剂，如干粉灭火剂或二氧化碳等。绝对禁止使用水、泡沫灭火剂或其他水质灭火剂进行扑火。尤其要提醒的是，在灭火过程中，对电气设备灭火时必须先切断电源。一旦发现火势不易控制，千万不要存有侥幸心理，应立即拨打"火警"电话119，报告消防队。

（三）灭火方法

1. 灭火方法及原理

人类经过长期的灭火实践发现了火的奥秘，只有

当以下三个条件都具备时，火才能烧起来，这就是常说的燃烧三要素，即：有能够燃烧的物质，如木材、纸张等；有能够帮助燃烧的物质，如空（氧）气等；有能够着火的温度。当其中某一个条件不具备时，火就自动熄灭了。由此归纳以下四种基本的灭火方法。

（1）冷却法　由于可燃物质着火必须具备相对的着火温度，灭火时只要将水、泡沫或二氧化碳等具有冷却降温和吸热作用的灭火剂，直接喷洒到着火的物体上，使其温度降到燃烧所需的最低温度以下，火就会熄灭。

（2）窒息法　根据可燃物质着火时需要"呼吸"大量空气的特点，灭火时采用捂盖的方式，使空气不能继续进入燃烧区或进入很少；也可用氮气、二氧化碳等不燃气体"冲淡"燃烧区的空气，使燃烧因缺少氧气而窒息。如人身上的衣服着了火，躺到地上用被褥将身体遮盖住，火焰马上会被扑灭。由此可见，窒息灭火法的实用性很强，不仅简单易行、灭火迅速，而且不会造成水渍损失。

（3）隔离法　燃烧必须有可燃物作为先决条件，根据这个道理，运用隔离法灭火，主要采取以下两种方式：

1）扑救火灾时迅速将着火部位周围的可燃物搬移疏散开。

2）将着火物质转移到没有可燃物质的地方。比如液化气钢瓶起火，只要把着火的钢瓶搬到屋外，就可防止火势蔓延。

（4）抑制法　它是一种化学灭火法，目前主要采用"1202""1211"等卤代烷和干粉灭火剂往燃烧区内喷射，让灭火剂加入到燃烧反应的过程之中，使燃烧迅速停止。其优点是灭火效率高，尤其是"1211"灭火剂，灭火后不留痕迹，不会造成污损，是扑救电器、液化气和车辆等火灾较为理想的灭火

剂。但这些化学灭火剂缺乏冷却、覆盖和渗透作用；当起火物体表面的火焰被扑灭后，往往因其阴燃或余热又超过着火温度而发生复燃或爆燃。

2. 灭火剂的常识

（1）二氧化碳灭火器 二氧化碳是一种惰性气体，比重（二氧化碳与空气密度的比值）为 1.52，在常温下用 6MPa（60 个大气压力）就可将它压缩成液体。灭火器里的二氧化碳一般是以液态灌装的。液态二氧化碳较易挥发成气体。当它从灭火筒喷射出来，部分变成白色的雪花（称干冰），温度很低。干冰吸收热量汽化为二氧化碳气体，覆盖在燃烧物表面，起稀释和排除空气的作用，使氧的含量降低，达到灭火的目的。使用时，先摇晃瓶，再拔去保险销，然后一手提瓶，一手握喷射头，喷嘴对准着火物，即可将火扑灭。

二氧化碳不适宜扑救金属钠、钾、镁粉、铝粉和铅、锰等物质的火灾，因为它会同这些物质起化学作用。使用二氧化碳灭火器要站在上风方向，人不宜吸入过量的二氧化碳，当空气中二氧化碳的体积分数达到 5% 时，人的呼吸就会发生困难。

（2）泡沫灭火器 泡沫灭火器是通过筒内酸性与碱性溶液混合发生化学反应产生并喷射出大量泡沫、覆盖在燃烧物的表面隔绝空气而达到灭火效果的灭火器械。它运用于扑灭油脂、石油产品及一般固体物质的初起之火。

泡沫灭火器主要由筒身、瓶嘴、筒盖、提环等组成。筒身内悬挂玻璃或聚乙烯塑料瓶胆。瓶胆内装酸性溶液，筒身内装碱性溶液。瓶胆用瓶盖盖上，以免蒸发或因振荡流出而与碱性溶液混合。

在提取灭火器奔赴现场时，要注意灭火器筒身不能过分倾斜，以免两种药液混合。使用时颠倒筒身，使两种药液混合发生化学反应，产生泡沫和二氧化碳

气体, 由喷嘴喷出。使用时, 必须注意不要将筒盖、筒底对着人的身体, 以防止万一发生爆炸伤害人身。

(四) 安全生存 "十要素"

1) 发现火情, 立即报警。
2) 火势不大, 立即灭火。
3) 熟悉环境, 牢记出口。
4) 保持镇定, 科学逃生。
5) 不贪财物, 生命第一。
6) 认清方向, 从上往下。
7) 不坐电梯, 只走楼梯。
8) 不带火跑, 脱衣打滚。
9) 湿巾蒙鼻, 匍匐撤离。
10) 滑绳自救, 缓降逃生。

(五)《中华人民共和国消防法》的有关规定

1. 新修订后的《中华人民共和国消防法》

新修订后的《中华人民共和国消防法》(以下简称《消防法》) 共7章74条, 已于2008年10月28日经第十一届全国人大常委会第五次会议审议通过, 并自2009年5月1日起施行。《消防法》是预防火灾和减少火灾危害, 加强应急救援工作, 维护公共安全的重要法律。

2. 新修订后的《中华人民共和国消防法》的有关规定

第二条　消防工作贯彻预防为主、防消结合的方针, 按照政府统一领导、部门依次监管、单位全面负责、公民积极参与的原则, 实行消防安全责任制, 建立健全社会化的消防工作网络。

第五条　任何单位和个人都有维护消防安全、保护消防设施、预防火灾、报告火警的义务。任何单位

和成年人都有参加有组织的灭火工作的义务。

第六条 各级人民政府应当组织开展经常性的消防宣传教育，提高公民的消防安全意识。

机关、团体、企业、事业等单位，应当加强对本单位人员的消防宣传教育。

公安机关及其消防机构应当加强消防法律、法规的宣传，并督促、指导、协助有关单位做好消防宣传教育工作。

教育、人力资源行政主管部门和学校、有关职业培训机构应当将消防知识纳入教育、教学、培训的内容。

新闻、广播、电视等有关单位，应当有针对性地面向社会进行消防宣传教育。

工会、共产主义青年团、妇女联合会等团体应当结合各自工作对象的特点，组织开展消防宣传教育。

村民委员会、居民委员会应当协助人民政府以及公安机关等部门，加强消防宣传教育。

第十六条 机关、团体、企业、事业等单位应当履行下列消防安全职责：

（1）落实消防安全责任制，制定本单位的消防安全制度、消防安全操作规程，制订灭火和应急疏散预案。

（2）按照国家标准、行业标准配置消防设施、器材，设置消防安全标志，并定期组织检验、维修，确保完好有效。

（3）对建筑消防设施每年至少进行一次全面检测，确保完好有效，检测记录应当完整准确，存档备查。

（4）保障疏散通道、安全出口、消防车通道畅通，保证防火防烟分区、防火间距符合消防技术标准。

（5）组织防火检查，及时消除火灾隐患。

（6）组织进行有针对性的消防演练。

（7）法律、法规规定的其他消防安全职责。

单位的主要负责人是本单位的消防安全责任人。

第十七条　县级以上地方人民政府公安机关消防机构应当将发生火灾可能性较大以及发生火灾可能造成重大的人身伤亡或者财产损失的单位，确定为本行政区域内的消防安全重点单位，并由公安机关报本级人民政府备案。

消防安全重点单位除应当履行本法第十六条规定的职责外，还应当履行下列消防安全职责：

（1）确定消防安全管理人，组织实施本单位的消防安全管理工作。

（2）建立消防档案，确定消防安全重点部位，设置防火标志，实行严格管理。

（3）实行每日防火巡查，并建立巡查记录。

（4）对职工进行岗前消防安全培训，定期组织消防安全培训和消防演练。

第二十一条　禁止在具有火灾、爆炸危险的场所吸烟、使用明火。因施工等特殊情况需要使用明火作业的，应当按照规定事先办理审批手续，采取相应的消防安全措施；作业人员应当遵守消防安全规定。

进行电焊、气焊等具有火灾危险作业的人员和自动消防系统的操作人员，必须持证上岗，并遵守消防安全操作规程。

第二十二条　生产、储存、装卸易燃易爆危险品的工厂、仓库和专用车站、码头的设置，应当符合消防技术标准。易燃易爆气体和液体的充装站、供应站、调压站，应当设置在符合消防安全要求的位置，并符合防火防爆要求。

已经设置的生产、储存、装卸易燃易爆危险品的工厂、仓库和专用车站、码头，易燃易爆气体和液体的充装站、供应站、调压站，不再符合前款规定的，

地方人民政府应当组织、协调有关部门、单位限期解决，消除安全隐患。

第二十三条　生产、储存、运输、销售、使用、销毁易燃易爆危险品，必须执行消防技术标准和管理规定。

进入生产、储存易燃易爆危险品的场所，必须执行消防安全规定。禁止非法携带易燃易爆危险品进入公共场所或者乘坐公共交通工具。

储存可燃物资仓库的管理，必须执行消防技术标准和管理规定。

（六）消防安全标志

见封三。